· TROFEOS ·

Evaluación de destrezas de lectura y lenguaje

Incluye evaluaciones para la mitad y fin de año

Edición del maestro ◆ Grado 4

Autor

Dr. Roger C. Farr

Profesor canciller y director de
The Center for Innovation in Assessment,
Indiana University, Bloomington

Harcourt

Orlando   Boston   Dallas   Chicago   San Diego

Visite *The Learning Site*
www.harcourtschool.com

ISBN 0-15-332587-9

1 2 3 4 5 6 7 8 9 10   073   10 09 08 07 06 05 04 03 02 01

Table of Contents

Appendix

Teacher's Edition

Harcourt • Reading and Language Skills Assessment

Trofeos
Assessment Components

··

The chart below gives a brief overview of the assessment choices that are available at this grade level. The titles in boldface can be found in this Teacher's Edition.

Entry-Level Assessments	**To plan instruction**
Placement and Diagnostic Assessments	◆ To determine the best placement for a student and to diagnose strengths and weaknesses
Reading and Language Skills Pretests	◆ To determine a student's proficiency with selected skills *before* starting instruction
Formative Assessments	**To monitor student progress**
End-of-Selection Tests	◆ To monitor a student's comprehension of each selection
Oral Reading Fluency Assessment	◆ To monitor how automatically a student applies decoding skills
Assessment notes at "point of use" in the Teacher's Edition	◆ To monitor selected skills and strategies as they are taught
Mid-Year Reading and Language Skills Assessment	◆ To monitor how well a student has retained reading and language skills
Summative Assessments	**To assess mastery of skills taught** **To assess ability to apply skills and strategies**
Reading and Language Skills Posttests	◆ To assess mastery of reading and language skills taught in a theme
Holistic Assessment	◆ To evaluate a student's ability to apply reading and writing skills and strategies to new situations
End-of-Year Reading and Language Skills Assessment	◆ To evaluate mastery of reading and language skills taught during the year

Overview of the Teacher's Edition

∙∙

This Teacher's Edition is organized into two major sections. Each section contains information about a separate assessment component. The two assessment components are as follows:

Reading and Language Skills Assessments

Two parallel forms of the *Reading and Language Skills Assessments*, a Pretest and a Posttest, are available for each theme at this grade. These assessments evaluate the specific skills taught in the themes. The assessments can be used in tandem before and after instruction in the theme, or they can be used independently. For example, only the posttest could be used to evaluate how well students learned the skills taught in the theme.

Mid-Year and *End-of-Year Skills Assessments*

Two cumulative assessments are also included in this Teacher's Edition. The *Mid-Year Reading and Language Skills Assessment* evaluates the skills taught in the first half of the year in Themes 1 through 3. The *End-of-Year Reading and Language Skills Assessment* evaluates the skills taught during the entire year in Themes 1 through 6.

Copying masters for all of the assessment booklets are located in the Appendix. They are organized as follows:

Theme 1   *Reading and Language Skills Assessment*
Theme 2   *Reading and Language Skills Assessment*
Theme 3   *Reading and Language Skills Assessment*
Mid-Year Reading and Language Skills Assessment

Theme 4   *Reading and Language Skills Assessment*
Theme 5   *Reading and Language Skills Assessment*
Theme 6   *Reading and Language Skills Assessment*
End-of-Year Reading and Language Skills Assessment

Harcourt • Reading and Language Skills Assessment

Reading and Language Skills Assessments

Description of the Assessments

The *Reading and Language Skills Assessments* are criterion-referenced tests designed to measure students' achievement on the skills taught in each of the themes. Criterion-referenced scores help teachers make decisions regarding the type of additional instruction that students may need.

Six *Reading and Language Skills Assessments* are available at this grade level—one assessment for each theme. The assessments evaluate students' achievement in decoding, vocabulary, literary response and analysis, comprehension, research and information skills, and language. The formats used on the *Reading and Language Skills Assessments* follow the same style as those used in instruction. This ensures that the assessments are aligned with the instruction.

Scheduling the Assessments

The *Reading and Language Skills Assessments* have been designed to correlate with specific skills introduced and reinforced within each theme of the program. Therefore, a *Reading and Language Skills Assessment Pretest* could be administered before a theme is started to determine which skills need to be emphasized. Or, a *Reading and Language Skills Assessment Posttest* could be administered after a theme is completed to verify that students can apply the skills that were taught.

If possible, a *Reading and Language Skills Assessment* should be given in one session. The pace at which you administer the assessment will depend on your particular class and group. The assessments are not timed. Most students should be able to complete an assessment in thirty to forty-five minutes.

Directions for Administering

Accommodations can be made for students with special needs (e.g., special education, ELL). If accommodations are made for a student, they should be noted in the space provided on the cover of the assessment booklet.

Prior to administering a *Reading and Language Skills Assessment*, the following general directions should be read to the students.

Say: *En la prueba van a contestar a preguntas sobre lo que han aprendido en clase. Intenten contestarlas lo mejor posible.*

When administering the assessment, repeat or clarify items that students do not hear or directions that they do not understand, but do not permit such explanations to reveal any answers.

Harcourt • Reading and Language Skills Assessment

The directions for each assessment are printed on the pages of the assessment booklets. There are no additional directions. If you wish, you may have students read the directions silently by themselves, or you may choose to read the directions aloud while students read them silently. Remember, if necessary, you may clarify any directions that students do not understand, as long as the clarification does not reveal any answers. Allow enough time for all students to complete the assessment or portion of the assessment being administered.

Scoring and Interpreting the Assessments

The *Reading and Language Skills Assessment* can be scored using the answer keys. Follow these steps:

1. Turn to the appropriate answer key in the Appendix.

2. Compare the student's responses, item by item, to the answer key and put a check mark next to each item that is correctly answered.

3. Count the number of correct responses for each skill or subtest and write this number on the "Pupil Score" line on the booklet cover. Add the Pupil Scores for each skill to obtain the Total Score.

4. Determine if the student met the criterion for each skill.

A student who scores at or above the criterion level for each subtest is considered competent in that skill area and is probably ready to move forward without additional practice. A column for writing comments about "Pupil Strength" has been provided on the cover of the assessment booklet.

A student who does not reach criterion level probably needs additional instruction and/or practice in that particular skill. Examine the student's scores for each subtest and decide whether you should reteach a particular skill, or move forward to the next theme.

For teachers who wish to keep a cumulative record of Pupil Scores across themes, a Student Record Form has been provided for that purpose in the Appendix.

A *Reading and Language Skills Assessment* is just one observation of a student's reading behavior. It should be combined with other evidence of a student's progress, such as the teacher's daily observations, student work samples, and individual reading conferences. The sum of all of this information, coupled with test scores, is more reliable and valid than any single piece of information.

Mid-Year and *End-of-Year*
Reading and Language Skills Assessments

● ●

Description of the Assessments

The *Mid-Year* and *End-of-Year Reading and Language Skills Assessments* are criterion-referenced tests designed to measure students' achievement on the skills taught in the themes. The assessments evaluate students' achievement in decoding, vocabulary, literary response and analysis, comprehension, research and information skills, and language. The assessments are designed to give a global picture of how well students apply the skills taught in the program. They are not intended to be diagnostic tests and do not yield specific scores for each skill. However, if a student does not reach the overall criterion for the total test, it is possible to judge his or her performance on the major skill categories (e.g., decoding, vocabulary, and comprehension).

The formats used on the *Mid-Year* and *End-of-Year Reading and Language Skills Assessments* follow the same style as those used in instruction. This ensures that the assessments are aligned with the instruction.

Contents of the Assessments

The following tables list the contents of the *Mid-Year* and *End-of-Year Assessments*. The contents of the *Mid-Year Reading and Language Skills Assessment* come from the skills taught in Themes 1, 2, and 3. The contents of the *End-of-Year Reading and Language Skills Assessment* come from the skills taught in Themes 1 through 6.

Harcourt • Reading and Language Skills Assessment

Mid-Year Reading and Language Skills Assessment

Skill Category	Subcategory	Objective	Items
Vocabulary	Prefixes, Suffixes, and Roots	Use prefixes, suffixes, and roots to determine or clarify word meaning	1–8
Literary Response and Analysis	Narrative Elements	Identify setting, characters, and plot in a story	9–11, 13
Literary Response and Analysis	Figurative Language	Identify and analyze figures of speech	12, 14
Comprehension	Text Structure: Cause and Effect	Analyze cause-and-effect relationships in text	20, 23–25, 28
Comprehension	Summarize	Recognize a summary of a passage	18, 30
Comprehension	Draw Conclusions	Use information from a reading selection and prior knowledge to form or support a conclusion	16–17, 19, 22, 27, 29
Comprehension	Text Structure: Compare and Contrast	Recognize and analyze text presented in a compare/contrast format	15, 21, 26
Language		Display command of standard English conventions	31–42

Harcourt • Reading and Language Skills Assessment

End-of-Year Reading and Language Skills Assessment

Skill Category	Subcategory	Objective	Items
Vocabulary	Prefixes, Suffixes, and Roots	Use prefixes, suffixes, and roots to determine or clarify word meaning	1–2
Vocabulary	Word Relationships	Use word relationships to determine word meanings	3–6
Comprehension	Text Structure: Cause and Effect	Analyze cause-and-effect relationships in text	12
Comprehension	Summarize	Recognize a summary of a passage	18
Comprehension	Text Structure: Main Idea and Details	Use text structure to identify the main idea and supporting details in a passage	10, 13, 16–17, 22, 26
Comprehension	Text Structure: Sequence	Recognize and analyze text that is presented in sequential or chronological order	11, 20
Comprehension	Follow Written Directions	Follow multi-step written directions	27–30
Comprehension	Author's Purpose	Recognize an author's purpose for writing	15, 21, 24
Comprehension	Elements of Nonfiction	Identify and use structural patterns in informational text to aid in comprehension	7, 25
Comprehension	Fact and Opinion	Distinguish between facts and opinions	8, 14, 23
Comprehension	Paraphrase	Recognize a paraphrase of a passage	9, 19
Research and Information Skills	Reference Sources	Use reference sources to locate information	31–34
Language		Display command of standard English conventions	35–50

Scheduling the Assessments

The *Mid-Year* and *End-of-Year Reading and Language Skills Assessments* have been designed to correlate with specific skills introduced and reinforced within each theme of the program. Each major reading skill taught in the program is represented on the assessments. The *Mid-Year* and *End-of-Year Reading Skills Assessments* are summative tests. That is, they are designed to evaluate whether students can apply the skills learned.

The *Mid-Year Reading and Language Skills Assessment* may be given after a student has completed the first three themes of instruction at this grade level. The *End-of-Year Reading and Language Skills Assessment* may be given after a student has completed the last three themes of instruction or the entire book.

The *Mid-Year* and *End-of-Year Reading and Language Skills Assessments* should be given in one session, if possible. The pace at which you administer the assessments will depend on your particular class and group. The assessments are not timed. Most students should be able to complete each assessment in approximately forty-five minutes to an hour.

Directions for Administering

Prior to administering the *Mid-Year* and *End-of-Year Reading and Language Skills Assessments*, the following general directions should be read to the students.

Say: *En la prueba van a contestar a preguntas sobre lo que han aprendido en clase. Intenten contestarlas lo mejor posible.*

Distribute the assessment booklets and have students write their names on the Name line. Then have students fold the assessment booklet so that only the page they are working on is facing up. Make sure that every student understands what to do and how to mark the answers. When testing is completed, collect the assessment booklets.

The directions for each assessment are printed on the pages of the pupil booklets. There are no additional directions. If you wish, you may have students read the directions silently by themselves, or you may choose to read the directions aloud while students read them silently. If necessary, you may clarify any directions that students do not understand, as long as the clarification does not reveal any answers. Allow enough time for all students to complete the assessment.

Scoring and Interpreting the Assessments

The *Mid-Year* and *End-of-Year Reading Skills Assessments* can be scored by using the answer keys found in the Appendix. Follow these steps:

1. Turn to the appropriate answer key in the Appendix.

2. Compare the student's responses, item by item, to the answer key, and put a check mark next to each item that is correctly answered.

3. Count the number of correct responses for each skill category and write that number on the "Pupil Score" line on the cover of the assessment booklet. Add the Pupil Scores for each skill category to obtain the student's Total Score.

4. Next, determine if the student met the criterion for Total Score. The criterion score can be found on the cover page of the assessment booklet. Use the "Interpreting Performance" chart found in this section of the Teacher's Edition booklet to interpret the student's score.

5. If a student does not reach the overall criterion on the total test, you may evaluate the student's performance on particular skill categories. Look at each skill category and determine if the student met the criterion for that skill category. Then determine the student's strengths and weaknesses for particular skill categories. Write comments in the space provided.

There are 42 items on the *Mid-Year Reading and Language Skills Assessment* and 50 on the *End-of-Year Reading and Language Skills Assessment*. For each item, a correct answer should be given 1 point, and an incorrect or missing answer should be given 0 points. Thus, a perfect score on the mid-year assessment would be 42, and a perfect score on the end-of-year assessment would be 50. Use the following performance chart to interpret score ranges.

Interpreting Performance on the
Mid-Year and *End-of-Year Reading Skills Assessments*

Total Score	Interpretation	Teaching Suggestions
Mid-Year: 31–42 **End-of-Year: 37–50**	Average to excellent understanding and use of the major reading and language skills	Students scoring at the high end of this range exceed the criterion and should have no difficulty moving forward to the next level of the program. Students scoring at the low end of this range meet the criterion and are performing at an acceptable level.
Mid-Year: 0–30 **End-of-Year: 0–36**	Fair to limited understanding and use of the major reading and language skills	Students scoring at the high end of this range are performing slightly below the criterion and may need extra help before or after moving to the next level of the program. Note whether performance varied across the skill categories tested. Examine other samples of the students' work and/or administer some of the individual assessments (e.g., Phonics Inventory, Oral Reading Fluency Assessment) to confirm their progress and pinpoint instructional needs. Students scoring at the low end of this range do not meet criterion and should have their performance verified through other measures such as some of the individual assessments available in this program, or daily work samples. Identify what specific instructional needs must be met by reviewing the student's performance on each skill category.

Harcourt • Reading and Language Skills Assessment

A student who does not reach the criterion level may not do so for a variety of reasons. Use the questions that follow to better understand why a student may not have reached the criterion.

- *Has the student completed all parts of the program being tested on the assessment?*

If not, the results may not be valid, since the *Mid-Year Reading and Language Skills Assessment* evaluates all the major skills taught in the first three themes at this grade level, and the *End-of-Year Reading and Language Skills Assessment* evaluates all the major skills taught in Themes 1-6 at this grade level. It would be unfair to expect a student to demonstrate mastery of skills for which he or she has not received instruction.

- *Was the student having a bad day when he or she took the assessment?*

Students can experience social or emotional problems that may affect concentration and influence performance. Sometimes a problem at home or a conflict on the school playground carries over into the classroom and interferes with performance. Recall any unusual behavior you observed before or during the testing, or confer with the student to identify any factors that may have adversely affected performance. If the student's limited performance can be attributed to extraneous problems, readminister the assessment under better conditions or discard the results.

- *Does the student perform differently on group tests than on individual tests?*

Student performance can fluctuate depending on the context and mode of the assessment. Some students perform better in a one-on-one setting that fosters individual attention than they do in a group setting that is less personal. Others are more successful reading orally than reading silently. Likewise, some students feel more comfortable answering open-ended questions orally than they do answering multiple-choice questions on a paper-and-pencil test.

- *Does the student perform differently on tests than on daily activities?*

Compare the student's performance on the mid-year and the end-of-year assessment with his or her performance on other formal types of assessment, such as theme tests and standardized tests. Also note how the student's performance compares with his or her performance on informal types of assessment, such as portfolios, reading logs, and anecdotal observation records. If the results are similar, it would suggest that the mid-year and the end-of-year results are valid and accurately represent the student's performance. If the results are not consistent, explore alternative explanations.

To resolve conflicts regarding the student's performance, you may want to collect additional evidence. For example, you may want to administer some of the individual assessments available with this program (e.g., Phonics Inventory, Oral Reading Fluency Assessment).

As with all assessments, it is important not to place too much faith in a single test. The *Mid-Year* and *End-of-Year Reading and Language Skills Assessments* are just one observation of a student's reading behavior. They should be combined with other evidence of a student's progress, such as the teacher's daily observations, the student's work samples, and individual reading conferences. The sum of all this information, combined with test scores, is more reliable and valid than any single piece of information.

Appendix

Answer Keys for *Reading and Language Skills Assessments: Pretests* and *Posttests*
Caminos abiertos/Theme 1

PRETEST	POSTTEST
VOCABULARY: **Prefixes, Suffixes, Roots**	**VOCABULARY:** **Prefixes, Suffixes, Roots**
1. B	1. D
2. A	2. B
3. D	3. A
4. A	4. C
5. C	5. B
6. B	6. C
7. C	7. A
8. B	8. B
LITERARY RESPONSE AND ANALYSIS: **Narrative Elements**	**LITERARY RESPONSE AND ANALYSIS:** **Narrative Elements**
9. B	9. C
10. C	10. D
11. B	11. B
12. D	12. B
LANGUAGE	**LANGUAGE**
13. C	13. B
14. B	14. D
15. D	15. C
16. A	16. A
17. B	17. C
18. D	18. B
19. B	19. B
20. C	20. C
21. A	21. A
22. C	22. C

Answer Keys for *Reading and Language Skills Assessments: Pretests* and *Posttests*
Caminos abiertos/Theme 2

PRETEST	POSTTEST
COMPREHENSION: **Text Structure: Cause and Effect**	**COMPREHENSION:** **Text Structure: Cause and Effect**
1. B	1. B
2. C	2. C
3. A	3. A
4. D	4. B
COMPREHENSION: **Summarize**	**COMPREHENSION:** **Summarize**
5. C	5. A
6. D	6. B
7. B	7. C
8. A	8. A
LITERARY RESPONSE AND ANALYSIS: **Figurative Language**	**LITERARY RESPONSE AND ANALYSIS:** **Figurative Language**
9. B	9. D
10. C	10. C
11. D	11. B
12. A	12. A
LANGUAGE	**LANGUAGE**
13. B	13. A
14. A	14. B
15. A	15. A
16. D	16. C
17. C	17. D
18. D	18. D
19. C	19. C
20. B	20. B
21. C	21. C
22. C	22. C

Answer Keys for *Reading and Language Skills Assessments: Pretests and Posttests*

Caminos abiertos/Theme 3

PRETEST	POSTTEST
COMPREHENSION: **Draw Conclusions**	**COMPREHENSION:** **Draw Conclusions**
1. A	1. B
2. D	2. C
3. C	3. B
4. A	4. A
COMPREHENSION: **Text Structure: Compare and Contrast**	**COMPREHENSION:** **Text Structure: Compare and Contrast**
5. A	5. B
6. C	6. D
7. D	7. A
8. B	8. C
9. C	9. C
10. D	10. A
11. B	11. D
12. B	12. B
LANGUAGE	**LANGUAGE**
13. A	13. D
14. B	14. C
15. D	15. B
16. A	16. D
17. C	17. C
18. B	18. A
19. D	19. B
20. C	20. D
21. A	21. A
22. B	22. C

Answer Keys for *Reading and Language Skills Assessments: Pretests* and *Posttests*
Caminos abiertos/Theme 4

PRETEST	POSTTEST
COMPREHENSION: **Text Structure: Main Idea and Details**	**COMPREHENSION:** **Text Structure: Main Idea and Details**
1. B	1. B
2. D	2. A
3. B	3. C
4. A	4. A
COMPREHENSION: **Text Structure: Sequence**	**COMPREHENSION:** **Text Structure: Sequence**
5. B	5. B
6. D	6. C
7. A	7. D
8. D	8. B
COMPREHENSION: **Follow Written Directions**	**COMPREHENSION:** **Follow Written Directions**
9. B	9. A
10. D	10. B
11. C	11. B
12. A	12. D
LANGUAGE	**LANGUAGE**
13. A	13. A
14. D	14. D
15. B	15. B
16. A	16. C
17. C	17. C
18. A	18. A
19. D	19. C
20. B	20. B
21. B	21. A
22. C	22. B

Answer Keys for *Reading and Language Skills Assessments:*
Pretests and *Posttests*
Caminos abiertos/Theme 5

PRETEST	POSTTEST
COMPREHENSION: **Author's Purpose**	**COMPREHENSION:** **Author's Purpose**
1. A	1. B
2. B	2. A
3. B	3. A
4. A	4. C
COMPREHENSION: **Elements of Nonfiction**	**COMPREHENSION:** **Elements of Nonfiction**
5. B	5. B
6. C	6. A
7. C	7. D
8. A	8. C
RESEARCH AND INFORMATION SKILLS: **Reference Sources**	**RESEARCH AND INFORMATION SKILLS:** **Reference Sources**
9. A	9. A
10. C	10. C
11. B	11. D
12. C	12. B
LANGUAGE	**LANGUAGE**
13. B	13. C
14. A	14. B
15. B	15. B
16. C	16. C
17. D	17. D
18. C	18. B
19. C	19. A
20. D	20. D
21. A	21. A
22. B	22. B

PRETEST	POSTTEST
VOCABULARY:	**VOCABULARY:**
Word Relationships	**Word Relationships**
1. C	1. B
2. B	2. D
3. C	3. C
4. A	4. A
COMPREHENSION:	**COMPREHENSION:**
Fact and Opinion	**Fact and Opinion**
5. D	5. C
6. B	6. D
7. C	7. B
8. D	8. A
COMPREHENSION:	**COMPREHENSION:**
Paraphrase	**Paraphrase**
9. B	9. B
10. A	10. C
11. C	11. A
12. A	12. B
LANGUAGE	**LANGUAGE**
13 D	13 B
14. A	14. C
15. B	15. B
16. D	16. A
17. A	17. C
18. C	18. D
19. A	19. A
20. B	20. B
21. A	21. A
22. D	22. C

Answer Key
Mid-Year Reading and Language Skills Assessment

VOCABULARY
1. B
2. C
3. D
4. C
5. B
6. D
7. A
8. B

LITERARY RESPONSE AND ANALYSIS
9. B
10. C
11. B
12. A
13. A
14. B

COMPREHENSION
15. D
16. C
17. A
18. B
19. B
20. A

21. D
22. A
23. B
24. C
25. D
26. C
27. B
28. A
29. B
30. C

LANGUAGE
31. C
32. B
33. A
34. D
35. B
36. B
37. C
38. B
39. C
40. D
41. C
42. A

Answer Key
End-of-Year Reading and Language Skills Assessment

VOCABULARY
1. B
2. C
3. A
4. D
5. C
6. B

COMPREHENSION
7. A
8. C
9. B
10. D
11. C
12. B
13. B
14. C
15. A
16. D
17. C
18. B
19. B
20. A
21. C
22. A
23. B
24. D
25. B
26. A
27. C
28. D
29. B
30. A

RESEARCH AND INFORMATION SKILLS
31. A
32. C
33. B
34. A

LANGUAGE
35. C
36. B
37. D
38. C
39. A
40. C
41. B
42. B
43. D
44. A
45. C
46. D
47. B
48. C
49. B
50. A

Student Record Form
Reading and Language Skills Assessment
Caminos abiertos
Grade 4

Name _____ Grade _____

Teacher _____

	CRITERION SCORE	PUPIL SCORE	COMMENTS
Theme 1			
Prefixes, suffixes, and roots	6/8	___/8	_____
Narrative elements	3/4	___/4	_____
Language	7/10	___/10	_____
Theme 2			
Text Structure: cause and effect	3/4	___/4	_____
Summarize	3/4	___/4	_____
Figurative language	3/4	___/4	_____
Language	7/10	___/10	_____
Theme 3			
Draw Conclusions	3/4	___/4	_____
Text Structure: compare and contrast	6/8	___/8	_____
Language	7/10	___/10	_____

Teacher's Edition

Student Record Form
Reading and Language Skills Assessment
Caminos abiertos
Grade 4

Name _____ **Grade** _____

Teacher _____

	CRITERION SCORE	PUPIL SCORE	COMMENTS
Theme 4			
Text Structure: Main idea and details	3/4	___/4	_____
Text structure: sequence	3/4	___/4	_____
Follow written directions	3/4	___/4	_____
Language	7/10	___/10	_____
Theme 5			
Author's purpose	3/4	___/4	_____
Elements of nonfiction	3/4	___/4	_____
Reference sources	3/4	___/4	_____
Language	7/10	___/10	_____
Theme 6			
Word relationships	3/4	___/4	_____
Fact and opinion	3/4	___/4	_____
Paraphrase	3/4	___/4	_____
Language	7/10	___/10	_____

TROFEOS

Evaluación de destrezas de lectura y lenguaje Prueba preliminar

¡Tú sí puedes! • Tema 1

Nombre _____ Fecha _____

DESTREZA	Criterio:	Puntuación del estudiante:	Tiene facilidad para:
VOCABULARIO Prefijos, sufijos y raíces	6/8	_____	_____
ANÁLISIS Y RESPUESTA LITERARIA Elementos narrativos	3/4	_____	_____
LENGUAJE Clases de oraciones Oraciones simples y compuestas Los sujetos y los predicados Los sujetos completos, simples y compuestos Los predicados completos, simples y compuestos	7/10	_____	_____
PUNTUACIÓN TOTAL	16/22	_____	_____

¿Se hicieron arreglos especiales al administrar la prueba? ❑ Sí ❑ No

Tipo de arreglos: _____

_____

VOCABULARIO: Prefijos, sufijos y raíces

Harcourt • Evaluación de destrezas de lectura y lenguaje Prueba preliminar

Instrucciones: Lee cada oración. Rellena el círculo de la respuesta correcta para cada pregunta.

1. **Los piratas van a desenterrar el tesoro escondido.**

   ¿Qué significa la palabra *desenterrar*?
   Ⓐ volver a enterrar
   Ⓑ sacar algo enterrado debajo de la tierra
   Ⓒ cubrir algo con tierra
   Ⓓ esconder algo debajo de la tierra

2. ¿Qué prefijo se le puede añadir a la palabra *poner* para que signifique "hacer valer una opinión más que otra"?
   Ⓐ súper
   Ⓑ ex
   Ⓒ des
   Ⓓ im

3. ¿Qué prefijo se le puede añadir a la palabra *nacional* para que signifique "entre naciones"?
   Ⓐ hiper
   Ⓑ re
   Ⓒ anti
   Ⓓ inter

4. **La jirafa tiene un cuello larguísimo.**

   ¿Qué significa la palabra *larguísimo*?
   Ⓐ muy largo
   Ⓑ no tan largo
   Ⓒ muy corto
   Ⓓ no tan corto

SIGUE ▶

VOCABULARIO: Prefijos, sufijos y raíces (continuación)

---

5. Susana me regaló un librito de cuentos.

¿Qué significa la palabra *librito*?

Ⓐ un libro de muchas páginas

Ⓑ un libro de cuentos extensos

Ⓒ un libro pequeño

Ⓓ un librote de cuentos cortos

6. ¿Qué sufijo se le puede añadir a la palabra *bueno* para "aumentar la cualidad de ser bueno"?

Ⓐ acho

Ⓑ azo

Ⓒ illo

Ⓓ ito

7. ¿Qué palabra tiene la misma raíz que *teléfono* y *fonógrafo*?

Ⓐ telegrama

Ⓑ fotógrafo

Ⓒ fonología

Ⓓ fogata

8. ¿Qué palabra tiene la misma raíz que *telescopio*?

Ⓐ temperatura

Ⓑ telegrama

Ⓒ escultor

Ⓓ escorpión

ALTO

Harcourt • Evaluación de destrezas de lectura y lenguaje Prueba preliminar

Puntuación _____   *¡Tú sí puedes!* / Tema 1

ANÁLISIS Y RESPUESTA LITERARIA: Elementos narrativos

Instrucciones: Lee el pasaje. Rellena el círculo desde la respuesta correcta para cada pregunta.

Juanito estaba triste. Cuando regresó a casa desde la escuela, llamó a su perrito Campeón para que viniera a jugar con él, como lo hacía todos los días después de la escuela. Aunque, esta vez, Campeón no vino.

—Creo que tu perro se ha escapado —dijo su mamá—. Lo vi corriendo tras un gato desde muy temprano. Lo llamé para que regresara, pero él siguió corriendo atrás del gato. Y desde entonces no lo he visto.

—¿Qué vamos a hacer? —preguntó Juanito—. ¡Tenemos que encontrarlo!

—No te preocupes —dijo su mamá—. Cuando se acerque la hora de comer, estoy segura de que encontrará el camino de regreso a casa.

Juanito subió a su cuarto para hacer la tarea, pero no podía dejar de pensar en Campeón. Más tarde, esa noche, escuchó un sonido chirriante en la puerta de la cocina. Juanito corrió a la puerta, la abrió, y su preocupación terminó al ver allí a Campeón.

—¡Bravo Campeón! ¡Regresaste! Te extrañé mucho. Nunca más vuelvas a preocuparme de esa manera —dijo Juanito.

9. El personaje principal del pasaje es _____.
   Ⓐ un gato
   Ⓑ Juanito
   Ⓒ Mamá
   Ⓓ Campeón

10. ¿Cuándo ocurre el pasaje?
   Ⓐ antes del desayuno
   Ⓑ durante el tiempo de escuela
   Ⓒ después de la escuel
   Ⓓ al mediodía

SIGUE ▶

Harcourt • Evaluación de destrezas de lectura y lenguaje Prueba preliminar

ANÁLISIS Y RESPUESTA LITERARIA: Elementos narrativos (continuación)

11. ¿Cuál es el problema en el pasaje?

 (A) La mamá de Juanito no le dejaba tener un perro.

 (B) El perro de Juanito se escapó.

 (C) El perro de Juanito no quiere comer.

 (D) El dueño del gato está enojado porque Campeón lo perseguía.

12. ¿Cómo se soluciona el problema del pasaje?

 (A) Juanito le habla a su mamá para que le deje tener un perro nuevo.

 (B) Juanito le construye un corral a Campeón para que no pueda perseguir al gato.

 (C) La mamá compra otro tipo de comida para el perro de Juanito.

 (D) El perro de Juanito regresa a casa sano y salvo.

ALTO

Harcourt • Evaluación de destrezas de lectura y lenguaje Prueba preliminar

LENGUAJE

Instrucciones: Lee cada pregunta. Rellena el círculo de la respuesta correcta para cada pregunta.

13. ¿Cuál de los grupos de palabras es una **oración**?

Ⓐ Las aguas apacibles.

Ⓑ Rápidamente escaleras abajo.

Ⓒ Ella escala la alta montaña.

Ⓓ Un lugar donde estacionar.

14. ¿Qué tipo de oración es ésta?

¿Podrías ayudarme con mi tarea?

Ⓐ declarativa

Ⓑ interrogativa

Ⓒ imperativa

Ⓓ exclamativa

15. ¿Qué tipo de oración es ésta?

Devuélveme el libro.

Ⓐ declarativa

Ⓑ interrogativa

Ⓒ exclamativa

Ⓓ imperativa

16. ¿Cuál es la respuesta que mejor describe la palabra subrayada en esta oración?

La mujer horneó unos panes frescos.

Ⓐ sujeto simple

Ⓑ sujeto completo

Ⓒ predicado

Ⓓ oración completa

SIGUE

LENGUAJE (continuación)

17. ¿Cuál es la respuesta que mejor describe la palabra subrayada en esta oración?

Mis padres <u>disfrutaron</u> la obra de teatro de nuestra escuela.

Ⓐ predicado compuesto

Ⓑ predicado simple

Ⓒ sujeto compuesto

Ⓓ predicado compuesto

18. ¿Cuál es la respuesta que mejor describe las palabras subrayadas en esta oración?

<u>Miguel y Melanie</u> son gemelos.

Ⓐ sujeto simple

Ⓑ predicado completo

Ⓒ predicado compuesto

Ⓓ sujeto compuesto

19. ¿Cuál es la respuesta que mejor describe las palabras subrayadas en esta oración?

Los excursionistas <u>prepararon y empacaron</u> sus bocadillos para el almuerzo.

Ⓐ sujeto completo

Ⓑ predicado compuesto

Ⓒ predicado completo

Ⓓ sujeto compuesto

SIGUE ▶

Harcourt • Evaluación de destrezas de lectura y lenguaje Prueba preliminar

LENGUAJE (continuación)

20. ¿Cuál es la respuesta que mejor describe las palabras subrayadas en esta oración?

    Marisol fue al cine con su papá.

    Ⓐ oración compuesta

    Ⓑ predicado simple

    Ⓒ oración simple

    Ⓓ sujeto simple

21. ¿Cuál es la respuesta que mejor describe las palabras subrayadas en esta oración?

    Lucas tiene un nuevo hámster y me lo enseñó.

    Ⓐ oración compuesta

    Ⓑ oración simple

    Ⓒ oración compleja

    Ⓓ cláusula dependiente

22. ¿Cuál es la respuesta que mejor describe las palabras subrayadas en esta oración?

    Cancelamos nuestra comida campestre porque estaba lloviendo.

    Ⓐ sujeto simple

    Ⓑ oración simple

    Ⓒ oración compuesta

    Ⓓ predicado completo

ALTO

Harcourt • Evaluación de destrezas de lectura y lenguaje Prueba preliminar

· TROFEOS ·

Caminos abiertos / Tema 1

Evaluación de destrezas de lectura y lenguaje

Prueba preliminar

⟨⟨ **Harcourt**

Orlando   Boston   Dallas   Chicago   San Diego

Part No. 9997-37845-8

ISBN 0-15-332284-5 (Package of 12)

Evaluación de destrezas de lectura y lenguaje Prueba posterior

¡Tú sí puedes! • Tema 1

Nombre _____ Fecha _____

DESTREZA	Criterio:	Puntuación del estudiante:	Tiene facilidad para:
VOCABULARIO Prefijos, sufijos y raíces	6/8	_____	_____
ANÁLISIS Y RESPUESTA LITERARIA Elementos narrativos	3/4	_____	_____

LENGUAJE
Clases de oraciones
Oraciones simples y compuestas
Los sujetos y los predicados
Los sujetos completos,
  simples y compuestos
Los predicados completos,
  simples y compuestos
	7/10	_____	_____

PUNTUACIÓN TOTAL	16/22	_____	_____

¿Se hicieron arreglos especiales al administrar la prueba? ☐ Sí ☐ No

Tipo de arreglos: _____

_____

VOCABULARIO: Prefijos, sufijos y raíces

Instrucciones: Lee cada oración. Rellena el círculo de la respuesta correcta para cada pregunta.

1. Me sentí muy triste cuando escuché la noticia.

¿Qué significa la palabra *triste*?
- Ⓐ alegre
- Ⓑ equivocado
- Ⓒ antes de estar contento
- Ⓓ descontento

2. ¿Qué prefijo se le puede añadir a la palabra *terrestre* para que signifique "fuera del globo terráqueo"?
- Ⓐ re
- Ⓑ extra
- Ⓒ pre
- Ⓓ hiper

3. ¿Qué prefijo se le puede añadir a la palabra *escribir* para que signifique "volver a escribir"?
- Ⓐ re
- Ⓑ des
- Ⓒ pre
- Ⓓ in

4. El cartero nos trajo la correspondencia.

¿Qué significado tiene la palabra *cartero*?
- Ⓐ persona que mantiene correspondencia con otra
- Ⓑ persona que reparte carteras
- Ⓒ persona que reparte la correspondencia
- Ⓓ persona que escribe cartas

SIGUE ▶

Harcourt • Evaluación de destrezas de lectura y lenguaje Prueba preliminar

VOCABULARIO: Prefijos, sufijos y raíces (continuación)

5. **El hermanito de María es un llorón.**

   ¿Qué significa la palabra *llorón*?
   - Ⓐ que llora muy pocas veces
   - Ⓑ que llora frecuentemente
   - Ⓒ que las lágrimas son grandes
   - Ⓓ que a veces llora

6. ¿Qué sufijo se le puede añadir a la palabra *oscuro* para que signifique "la falta de luz"?
   - Ⓐ azo
   - Ⓑ era
   - Ⓒ dad
   - Ⓓ illo

7. ¿Qué palabra tiene la misma raíz que *geólogo* y *psicólogo*?
   - Ⓐ cardiólogo
   - Ⓑ cardinal
   - Ⓒ geometría
   - Ⓓ psicoterapia

8. ¿Qué palabra tiene la misma raíz que *geografía*?
   - Ⓐ genealogía
   - Ⓑ caligrafía
   - Ⓒ general
   - Ⓓ cacería

ALTO

Harcourt • Evaluación de destrezas de lectura y lenguaje Prueba preliminar

ANÁLISIS Y RESPUESTA LITERARIA: Elementos narrativos

Instrucciones: Lee el pasaje. Rellena el círculo de la respuesta correcta para cada pregunta.

La familia de Bárbara viajó en avión de Tejas a Alemania. Llegaron en un día frío y lluvioso de septiembre. El padre de Bárbara había sido asignado a una nueva base militar cerca de Frankfurt. La familia no se bajaba del avión con un buen comienzo. Llegaron tarde y ninguno de los lugares de la base estaba abierto para cenar. Tomaron un taxi hacia un restaurante cerca de la base, pero la carta estaba en alemán. Nadie en la familia había aprendido todavía el idioma, por lo que tenían que adivinar lo que pedían. Cuando el camarero trajo la comida, Bárbara terminó con una sopa de hígado. Comió poco porque nunca le había gustado la sopa de hígado.

—No estoy segura de que me va a gustar vivir aquí —le dijo Bárbara a su papá justamente antes de irse a la cama esa noche—. ¡Todo es tan diferente! Yo no sé cómo voy a aprender a hablar alemán.

—Todo mejorará, Bárbara —el padre le aseguró—. Te va a gustar viajar a Francia, Italia y otros países. Y comenzando mañana, tú, mamá y yo nos vamos a matricular para tomar clases de alemán. Una vez que aprendas algunas palabras y frases te sentirás mejor aquí. ¡Estoy seguro de que ya has aprendido las palabras para decir sopa de hígado!

—Tienes razón, papá —Bárbara sonrió—. Creo voy a aprender mucho.

9. El personaje principal del pasaje es _____.
- Ⓐ un camarero del restaurante.
- Ⓑ el papá de Bárbara
- Ⓒ Bárbara
- Ⓓ la mamá de Bárbara

SIGUE ▶

Harcourt • Evaluación de destrezas de lectura y lenguaje Prueba preliminar

ANÁLISIS Y RESPUESTA LITERARIA: Elementos narrativos (continuación)

10. ¿Dónde ocurre el pasaje?

(A) Tejas

(B) Francia

(C) Italia

(D) Alemania

11. ¿Cuál es el problema en el pasaje?

(A) Bárbara no quiere volar a Alemania.

(B) Bárbara necesita aprender un nuevo idioma y acostumbrarse a un nuevo país.

(C) La familia de Bárbara no puede encontrar vivienda cerca de la base militar.

(D) Al papá de Bárbara no le gustaba su nuevo trabajo.

12. ¿Cómo se soluciona el problema del pasaje?

(A) Bárbara supera el miedo a volar.

(B) Bárbara se da cuenta de que se sentirá mejor una vez que aprenda a hablar alemán.

(C) La familia de Bárbara encuentra una casa en un pequeño pueblo cerca de la base.

(D) El papá de Bárbara obtiene un trabajo diferente de regreso a Estados Unidos.

Harcourt • Evaluación de destrezas de lectura y lenguaje Prueba preliminar

ALTO

LENGUAJE

Instrucciones: Lee cada pregunta. Rellena el círculo de la respuesta correcta para cada pregunta.

13. ¿Cuál de los grupos de palabras es una oración?
    - (A) Entusiasmado y contento.
    - (B) Yo no pude esperar para decirle lo que sucedió.
    - (C) Un hombre con una barba larga y gris.
    - (D) Un asustado rebaño de ganado vacuno.

14. ¿Qué tipo de oración es ésta?

    ¡He ganado la competencia!
    - (A) declarativa
    - (B) interrogativa
    - (C) imperativa
    - (D) exclamativa

15. ¿Qué tipo de oración es ésta?

    Ellos nadaban en el lago.
    - (A) exclamativa
    - (B) interrogativa
    - (C) declarativa
    - (D) imperativa

16. ¿Cuál es la respuesta que mejor describe las palabras subrayadas en esta oración?

    Vendrás a casa, pero permanecerás tranquilo.
    - (A) oración compuesta
    - (B) oración simple
    - (C) predicado completo
    - (D) predicado simple

SIGUE

LENGUAJE (continuación)

17. ¿Cuál es la respuesta que mejor describe la palabra subrayada en esta oración?

    El <u>abrigo</u> de lana me mantiene abrigado.

    Ⓐ predicado

    Ⓑ sujeto completo

    Ⓒ sujeto simple

    Ⓓ oración completa

18. ¿Cuál es la respuesta que mejor describe las palabras subrayadas en esta oración?

    Los hombres <u>bebieron y guardaron</u> agua para el viaje.

    Ⓐ sujeto completo

    Ⓑ predicado compuesto

    Ⓒ predicado completo

    Ⓓ sujeto compuesto

19. ¿Cuál es la respuesta que mejor describe las palabras subrayadas en esta oración?

    Las <u>avispas y abejas</u> del patio me molestan.

    Ⓐ sujeto simple

    Ⓑ sujeto compuesto

    Ⓒ predicado completo

    Ⓓ predicado compuesto

20. ¿Cuál es la respuesta que mejor describe las palabras subrayadas en esta oración?

    <u>Una blanca capa de hielo</u> cubrió la hierba como un manto.

    Ⓐ sujeto simple

    Ⓑ predicado simple

    Ⓒ sujeto completo

    Ⓓ oración completa

SIGUE ▶

Harcourt • Evaluación de destrezas de lectura y lenguaje Prueba preliminar

LENGUAJE (continuación)

21. ¿Cuál es la respuesta que mejor describe la palabra subrayada en esta oración?

La tinta <u>manchó</u> mi camisa.

Ⓐ predicado simple

Ⓑ predicado completo

Ⓒ predicado compuesto

Ⓓ sujeto compuesto

22. ¿Cuál es la respuesta que mejor describe las palabras subrayadas en esta oración?

Muchos niños <u>participaron en la competencia de dibujo</u>.

Ⓐ sujeto simple

Ⓑ sujeto completo

Ⓒ predicado completo

Ⓓ oración compuesta

ALTO

· T R O F E O S ·

Caminos abiertos / Tema 1

Evaluación de destrezas de lectura y lenguaje

Prueba posterior

Harcourt

Orlando   Boston   Dallas   Chicago   San Diego

Part No. 9997-37839-3

ISBN 0-15-332284-5 (Package of 12)

4

Evaluación de destrezas de lectura y lenguaje Prueba preliminar

Tomados de la mano • Tema 2

Nombre _____ Fecha _____

DESTREZA	Criterio:	Puntuación del estudiante:	Tiene facilidad para:
COMPRENSIÓN			
Causa y efecto	3/4	_____	_____
Resumir	3/4	_____	_____
ANÁLISIS Y RESPUESTA LITERARIA			
Lenguaje figurado	3/4	_____	_____
LENGUAJE	7/10	_____	_____
Los sustantivos comunes y los sustantivos propios			
Más sustantivos comunes y propios			
Los sustantivos singulares y plurales			
Los pronombres personales			
Los posesivos			
PUNTUACIÓN TOTAL	16/22	_____	_____

¿Se hicieron arreglos especiales al administrar la prueba? ❑ Sí   ❑ No

Tipo de arreglos: _____

_____

Printed in the United States of America

ISBN 0-15-332284-5

1 2 3 4 5 6 7 8 9 10   073   10 09 08 07 06 05 04 03 02 01

COMPRENSIÓN: Causa y efecto

Instrucciones: Lee el siguiente pasaje. Rellena el círculo de la respuesta correcta para cada pregunta.

Estela vio que su vecina, la señora Rosa, se había sentado al frente de su casa. La señora Rosa parecía estar triste, por lo que Estela decidió acercársele y preguntarle.

—Me parece que está usted un poco triste señora Rosa —dijo Estela—. ¿La puedo ayudar en algo?

Rosa suspiró y dijo:

—Me parece que es la soledad. Desde que me mudé a este pueblo aún no he conocido a nadie. Extraño a mis amigas y los días se me hacen muy largos cuando no tengo con quién conversar.

Estela regresó a su casa, pero en la noche se le ocurrió una idea. Le preguntó a su madre:

—Mamá, ¿crees que podríamos regalarle uno de los cachorros de Sisi a la señora Rosa? Me parece que lo cuidaría muy bien y además, una mascota le alegraría la vida. ¿Qué crees?

—Es una excelente idea Estela —respondió su mamá.

Al día siguiente, Estela le llevó uno de los cachorros de su perra Sisi a la señora Rosa. Al entregárselo le dijo que era un regalo para que le hiciera compañía. La señora Rosa se mostró muy complacida y alegre. Mientras miraba al lindo cachorrito dijo:

—Nunca hubiera pensado en tener una mascota para que me hiciera compañía. Tú te has dado cuenta de lo que me puede hacer feliz.

1. ¿Por qué Estela se le acerca a la señora Rosa al principio del relato?
   - Ⓐ La mamá le pidió a Estela que saludara a la nueva vecina.
   - Ⓑ Estela vio que la señora Rosa lucía triste y sola.
   - Ⓒ Estela salió a buscar a Sisi que estaba en el jardín de la señora Rosa.
   - Ⓓ La señora Rosa invitó a Estela a su casa.

SIGUE

COMPRENSIÓN: Causa y efecto (continuación)

2. ¿Por qué la señora Rosa dice que los días se le hacen largos?
   - (A) tiene mucho trabajo
   - (B) la gente del pueblo la molesta
   - (C) no tiene amigos para conversar
   - (D) extraña a su mascota

3. ¿Por qué Estela quiere regalarle una mascota a la señora Rosa?
   - (A) Estela cree que la mascota alegrará a la señora Rosa.
   - (B) Estela cree que la mascota alegrará a la señora Rosa.
   - (C) Su madre le dijo que no podían tener todos los cachorros en casa.
   - (D) La señora Rosa le pidió un cachorro a Estela.

4. ¿Qué efecto tuvo el regalo que le hizo Estela a la señora Rosa?
   - (A) Rosa se molestó porque no le gustan los perros.
   - (B) Rosa piensa dedicarse a cuidar perros
   - (C) Rosa se preocupó porque no sabe cómo cuidar a un cachorro.
   - (D) Rosa se sintió muy contenta y más acompañada.

ALTO

Harcourt • Evaluación de destrezas de lectura y lenguaje

COMPRENSIÓN: Resumir

Instrucciones: Lee el siguiente pasaje. Rellena el círculo de la respuesta correcta para cada pregunta.

La familia Garza tenía un día muy ocupado. Finalmente había llegado el fin de semana que todos esperaban para hacer una barbacoa familiar en el patio de la casa.

Carlos era el encargado de podar las plantas y de arreglar el césped del patio para que José, su hermano menor, pudiera colocar las mesas y sillas plegables. Su papá a limpiaba la parrilla de asar la carne antes de encender el fuego. Mamá había estado cocinando desde muy temprano en la mañana, con la ayuda de Dolores y Frank. Javier, el más pequeño de la casa, se ocupaba de probar la mezcla de los panqueques que había preparado mamá.

Con el calor de la mañana, a José le habían comenzado a doler los músculos. En silencio, se preguntaba si valía la pena tanto esfuerzo para una reunión familiar. Entonces, recordó que su abuela siempre decía que no importa lo que suceda en la vida, uno siempre tiene a su familia para que lo apoye. Ese recuerdo lo hizo sonreír y volvió contento a su trabajo.

5. ¿Cuál de las siguientes oraciones resume mejor el pasaje anterior?
- (A) Carlos podaba las plantas y arreglaba el césped.
- (B) Mamá, Dolores y Frank comenzaron a cocinar desde la madrugada.
- (C) Los Garzas estaban muy ocupados preparando una reunión familiar importante.
- (D) Papá estaba limpiando la parrilla para asar la carne.

SIGUE

COMPRENSIÓN: Resumir (continuación)

---

6. ¿Cuál es la idea más importante para un resumen del último párrafo?

Ⓐ A José le dolían los músculos.

Ⓑ José regresó al trabajo.

Ⓒ Era una mañana calurosa.

Ⓓ José se dio cuenta de lo importante que es la familia.

SIGUE ▶

Harcourt • Evaluación de destrezas de lectura y lenguaje

COMPRENSIÓN: Resumir (continuación)

Cuando alguien se imagina un cacto, generalmente piensa en una planta espinosa. Lo cierto es que la mayoría de los cactos tienen espinas grandes y duras, o pequeñas y suaves que pueden hincarnos la piel y hacernos daño. Sin embargo, los cactos también proveen agua y alimento a los animales y a las personas. Para eso tienes que pasar por las espinas y llegar al tronco de la planta, pero siempre hay maneras de lograrlo.

Uno de los cactos que más se usa como alimento es el llamado higuera de nopal. Esta planta tiene espinas grandes y pequeñas. A través de los años, el nopal se ha convertido en un alimento favorito de muchas personas. Para prepararlo hay que quitarle o quemarle las espinas, lo cual casi siempre es un trabajo difícil y de mucho cuidado. Quienes lo hacen tienen experiencia en el trabajo y además, usan guantes gruesos como protección. Recientemente se ha comenzado a cultivar una especie de nopal que no tiene espinas, lo cual es una buena noticia para los amantes de este plato. La popularidad de los nopalitos, como generalmente se les conoce, es tan grande que hoy en día se venden en ciudades tan distantes como San Francisco y Nueva York.

7. ¿Cuál de las siguientes oraciones resume mejor el primer párrafo?

Ⓐ Cuando alguien se imagina un cacto piensa en espinas.

Ⓑ Las personas y los animales pueden comer el cacto sin espinas.

Ⓒ Cuando la espina del cacto atraviesa la piel, sentimos dolor y nos hace daño.

Ⓓ La mayoría de los cactos tienen espinas duras y afiladas.

SIGUE

Harcourt • Evaluación de destrezas de lectura y lenguaje

COMPRENSIÓN: Resumir (continuación)

8. ¿Cuál es la idea más importante para un resumen del último párrafo?
   - (A) Una especie de nopal sin espinas se ha empezado a cultivar para el alimento de personas y animales
   - (B) La higuera de nopal tiene espinas grandes y pequeñas.
   - (C) Para sacarle las espinas al nopal necesitas guantes gruesos.
   - (D) Los nopalitos se venden en tiendas de San Francisco y Nueva York.

ALTO

Harcourt • Evaluación de destrezas de lectura y lenguaje

ANÁLISIS Y RESPUESTA LITERARIA: Lenguaje figurado

Instrucciones: Lee cada pasaje u oración. Rellena el círculo de la respuesta correcta para cada pregunta.

Lisa y su papá caminaban sobre la arenosa orilla de un lago. El agua estaba en calma, como una lámina de cristal. En el cielo, las nubes eran enormes bolsas de algodón. El cálido día de verano hizo que Lisa pensara lo fresca que se sentiría el agua. Junto a su papá, caminó hasta el final de un muelle de madera y balanceó sus pies en el lago. El agua estaba muy fría, pero se sentía muy refrescante.

9. ¿Qué grupo de palabras en el pasaje es una metáfora?
(A) arenosa orilla del lago
(B) eran enormes bolsas de algodón
(C) agua fresca
(D) muy refrescante

10. Lee esta oración:

El agua estaba en calma como una lámina de cristal.

¿Por qué el autor compara el agua con una lámina de cristal?
(A) porque el cristal es muy duro
(B) porque el cristal se rompe fácilmente
(C) porque el cristal es liso y brilloso
(D) porque el cristal tiene los bordes muy afilados

11. ¿Qué tipo de lenguaje figurado hay en esta oración?

El cometa bailaba al final de la cuerda y parecía reír con alegría.
(A) metáfora
(B) símil
(C) hipérbole
(D) personificación

SIGUE

ANÁLISIS Y RESPUESTA LITERARIA: Lenguaje figurado (continuación)

12. Lee esta oración:

No me preocupo por él, porque él se aplaude a sí mismo.

¿Qué significado tiene "él se aplaude a sí mismo"?

Ⓐ Él alardea de sí mismo.

Ⓑ A él le gusta aplaudir.

Ⓒ A él no le gusta aplaudir.

Ⓓ Él no se preocupa por aplaudir.

ALTO

Puntuación _____

Tomados de la mano / Tema 2

LENGUAJE

Instrucciones: Lee cada pregunta. Rellena el círculo de la respuesta correcta que mejor describe la palabra o palabras subrayadas en cada oración.

13. ¿Cuál de las siguientes palabras es un sustantivo común en esta oración?

   El recipiente no se podía abrir fácilmente.
   - (A) podía
   - (B) recipiente
   - (C) abrir
   - (D) fácilmente

14. ¿Cuál es la palabra correcta que va en el espacio en blanco para completar esta oración?

   Los grandes _____ entrenan casi todos los días.
   - (A) atletas
   - (B) Michael Jordan
   - (C) Jorge Posada
   - (D) atleta

15. ¿Cuál de las siguientes palabras es un sustantivo propio en esta oración?

   El alcalde de Filadelfia dio una conferencia en nuestra escuela.
   - (A) Filadelfia
   - (B) alcalde
   - (C) conferencia
   - (D) escuela

SIGUE

LENGUAJE (continuación)

16. ¿Cuál es la palabra correcta que va en el espacio en blanco para completar esta oración?

_____ es un país del América del Norte.

Ⓐ Perú

Ⓑ China

Ⓒ España

Ⓓ Canadá

17. ¿Cuál es la palabra correcta que va en el espacio en blanco para completar esta oración?

Nosotros teníamos bizcocho, helado y algunas _____ frescas para el postre.

Ⓐ fresa

Ⓑ fresaz

Ⓒ fresas

Ⓓ fresaes

18. ¿Cuál es la palabra correcta que va en el espacio en blanco para completar esta oración?

El hermano de Carlos es _____.

Ⓐ veterinarios

Ⓑ veterinarioses

Ⓒ veterinaroz

Ⓓ veterinario

Harcourt • Evaluación de destrezas de lectura y lenguaje

SIGUE

LENGUAJE (continuación)

19. ¿Cuál es la palabra correcta que va en el espacio en blanco para completar esta oración?

Todas las _____ de los árboles han comenzado a cambiar de color por el otoño.

Ⓐ hojaes
Ⓑ hoja
Ⓒ hojas
Ⓓ ojas

20. ¿Cuál es la palabra correcta que va en el espacio en blanco para completar esta oración?

El _____ que más practico es el béisbol.

Ⓐ deportes
Ⓑ deporte
Ⓒ deportivo
Ⓓ deportista

21. ¿Cuál es el pronombre correcto para reemplazar las palabras subrayadas en esta oración?

Mis amigos vienen. Mis amigos deben estar al llegar.

Ⓐ Él
Ⓑ Ella
Ⓒ Ellos
Ⓓ Ellas

22. ¿Cuál es el posesivo que completa correctamente esta oración?

Yo traje mi gorra y tú trajiste la _____.

Ⓐ suyo
Ⓑ suyas
Ⓒ tu
Ⓓ tuya

ALTO

Caminos abiertos / Tema 2

Evaluación de destrezas de lectura y lenguaje

Prueba preliminar

Harcourt

Orlando   Boston   Dallas   Chicago   San Diego

Part No. 9997-37846-6

ISBN 0-15-332284-5 (Package of 12)

4

Evaluación de destrezas de lectura y lenguaje Prueba posterior

Tomados de la mano • Tema 2

Nombre _____ Fecha _____

DESTREZA	Criterio:	Puntuación del estudiante:	Tiene facilidad para:
COMPRENSIÓN			
Causa y efecto	3/4	_____	_____
Resumir	3/4	_____	_____
ANÁLISIS Y RESPUESTA LITERARIA			
Lenguaje figurado	3/4	_____	_____
LENGUAJE	7/10	_____	_____
Los sustantivos comunes y los sustantivos propios			
Más sustantivos comunes y propios			
Los sustantivos singulares y plurales			
Los pronombres personales			
Los posesivos			
PUNTUACIÓN TOTAL	16/22	_____	_____

¿Se hicieron arreglos especiales al administrar la prueba? ☐ Sí ☐ No

Tipo de arreglos: _____

_____

Printed in the United States of America

ISBN 0-15-332284-5

1 2 3 4 5 6 7 8 9 10   073   10 09 08 07 06 05 04 03 02 01

COMPRENSIÓN: Causa y efecto

Instrucciones: Lee el siguiente pasaje. Rellena el círculo de la respuesta correcta para cada pregunta.

Nadie podía dormir esa noche en casa de Jaime. Su nueva mascota, Max, lloraba y gemía desconsoladamente. Toda la familia estaba preocupada por el cachorrito. Jaime decidió levantarse de la cama e ir a la cocina, donde se encontraba Max. Le dio un poco de agua y de comida pero Max no dejaba de llorar. Le habló cariñosamente y en voz baja, pero tampoco dio resultado. Max no dejaba de llorar. Todo parecía indicar que el cachorro no tenía intenciones de dormir esa noche.

El papá de Jaime se acercó y le dijo:

—Yo sé cómo hacer para que Max se duerma.

Buscó una almohadilla eléctrica de dar calor y la colocó en la caja donde debía dormir Max. Comprobó que la almohadilla estuviera tibia, no caliente. Luego, colocó un reloj de mesa al lado de la caja. Al poco rato, Max dormía profundamente.

Jaime, asombrado, preguntó:

—¿Por qué la almohadilla tibia y el reloj hicieron que Max se durmiera?

—Max extraña a su madre —respondió el papá—. La almohadilla le da el calor que sentiría con el cuerpo de su madre y el reloj suena como los latidos del corazón. De este modo se siente protegido como si estuviera con su mamá.

1. ¿Por qué no pueden dormir en casa de Jaime al principio del relato?
   Ⓐ Se acostaron muy temprano.
   Ⓑ Max está llorando en la cocina.
   Ⓒ Están muy contentos porque tienen mascota nueva.
   Ⓓ La madre de Max está afuera y quiere entrar.

Harcourt • Evaluación de destrezas de lectura y lenguaje

SIGUE

COMPRENSIÓN: Causa y efecto (continuación)

2. ¿Por qué el papá de Jaime puso un reloj en la caja?

Ⓐ para que Max jugara

Ⓑ para estar al tanto de la hora de la comida

Ⓒ para que sonara como el corazón de la madre de Max

Ⓓ para que Max lo mordiera

3. ¿Por qué el papá de Jaime cree que Max sólo está haciendo ruidos?

Ⓐ Max extraña a su mamá.

Ⓑ Max quiere salir.

Ⓒ Max tiene hambre.

Ⓓ Max tiene sed.

4. ¿Qué efecto tuvo el colocarle a Max una almohadilla de calor?

Ⓐ Max sintió miedo.

Ⓑ Max sintió algo cálido como el cuerpo de su madre y se durmió.

Ⓒ Max se enredó con el cable.

Ⓓ Max empezó a jugar con la almohadilla.

ALTO

Harcourt • Evaluación de destrezas de lectura y lenguaje

COMPRENSIÓN: Resumir

Instrucciones: Lee el siguiente pasaje. Rellena el círculo de la respuesta correcta para cada pregunta.

Marta y su familia disfrutaban de su último paseo de verano antes de que empezaran las clases. El paseo consistía en caminar por una montaña. Cuando empezaban a recorrer el último trayecto del sendero, Marta, que los seguía detrás resbaló y se cayó al pisar una roca suelta. Cayó con su brazo izquierdo debajo del cuerpo. Enseguida se dio cuenta de que se había hecho daño en la muñeca pero, al ver la cara de su madre se percató de que el daño había sido peor de lo que imaginaba. Fueron corriendo para el auto y de ahí salieron disparados para el hospital.

En un abrir y cerrar de ojos, el brazo de Marta estaba cubierto con un yeso. Se había fracturado la muñeca al caer. Pero eso no era lo que más le preocupaba a Marta. Lo que la entristecía más era que tendría que empezar el curso con un yeso en el brazo. No se imaginaba cómo la recibirían sus compañeros de quinto grado. De pronto, se le ocurrió una idea: pintaría con colores su yeso y le pediría a su familia que escribiera en él lo que quisieran. Así luciría mejor y sería más divertido. "En efecto", pensó Marta, "ahora mi yeso tiene casi todos los colores del arco iris."

5. ¿Cuál de las siguientes oraciones resume mejor el primer párrafo?

Ⓐ Marta se cayó y se fracturó la muñeca mientras paseaba con su familia por una montaña.

Ⓑ Marta siguió a su familia hasta el último trayecto del sendero.

Ⓒ Marta supo que se había dañado la muñeca cuando vio la cara de su madre.

Ⓓ Marta y su familia habían planeado un último paseo de verano antes de que empezaran las clases.

SIGUE

COMPRENSIÓN: Resumir (continuación)

6. ¿Cuál es la oración más importante para hacer un resumen del último párrafo?

Ⓐ El yeso de Marta tenía casi todos los colores del arco iris.

Ⓑ Marta se sintió mejor con su yeso cuando lo dibujó y dejó que su familia escribiera en él.

Ⓒ A Marta le cubrieron el brazo con un yeso.

Ⓓ Marta estaba triste porque tenía que regresar a la escuela.

Harcourt • Evaluación de destrezas de lectura y lenguaje

SIGUE ▶

COMPRENSIÓN: Resumir (continuación)

Los perros rastreros son animales entrenados especialmente para encontrar personas. Pueden ser usados para encontrar a un niño que se ha perdido, a un viajero que se ha extraviado en el bosque o incluso para encontrar algún sobreviviente de un accidente aéreo. Según los propios entrenadores, estos perros siempre están dispuestos a ayudar y les gusta su trabajo.

Los humanos creemos en lo que vemos. Los perros, sin embargo, creen en lo que huelen, en la esencia o en el aroma de las cosas. Lo primero que aprende un entrenador de perros rastreros es a confiar en el olfato de su perro y no en lo que ve con sus ojos. Para hacer este trabajo, los perros son entrenados con mucho cuidado. Se les enseña a seguir el rastro de un olor específico y distinguirlo de cientos de olores diferentes. Los entrenadores les colocan pistas falsas para que aprendan a no confundirse con cualquier otro olor que encuentren en el camino. Unas veces les despistan el rastro con olores fuertes como alcohol o peor aún, como el de la mofeta o zorrillo. Otras, les colocan recipientes con comida para distraerlos. Luego de varios meses, un perro bien entrenado no perderá el rastro con ninguna de estas pistas falsas. Si se le da a oler algo que la persona vistió o usó, el perro buscará sin cesar a esa persona. Estos bravos y trabajadores animales han ayudado a salvar muchas vidas humanas.

7. ¿Cuál de las siguientes oraciones resume mejor el primer párrafo?

Ⓐ Los perros rastreros pueden ser usados para encontrar a un viajero perdido en el bosque.

Ⓑ Los perros rastreros siempre están dispuestos a ayudar.

Ⓒ Los perros rastreros son animales entrenados especialmente para encontrar personas.

Ⓓ Los perros rastreros son usados para encontrar sobrevivientes de accidentes aéreos.

SIGUE

COMPRENSIÓN: Resumir (continuación)

8. ¿Cuál es la idea más importante para un resumen del último párrafo?

Ⓐ Los perros rastreros tienen que seguir un olor específico y no confundirse con pistas falsas.

Ⓑ Los entrenadores riegan alcohol u olores muy fuertes en el camino de búsqueda para despistarlos.

Ⓒ Los entrenadores les colocan recipientes con comida en el camino.

Ⓓ Los humanos creen en lo que ven.

ALTO

Harcourt • Evaluación de destrezas de lectura y lenguaje

ANÁLISIS Y RESPUESTA LITERARIA: Lenguaje figurado

Instrucciones: Lee cada pasaje u oración. Rellena el círculo de la respuesta correcta para cada pregunta.

Sara se paró en el cajón de bateo. El juego de béisbol estaba empatado y ella estaba muy nerviosa. Sentía sus manos como ladrillos, y las piernas le temblaban. La lanzadora tiró la pelota y Sara bateó. Fue un sencillo. Sara corrió a primera base. En las graderías, la gente era un mar de rostros alegres.

9. ¿Qué grupo de palabras en este pasaje es una metáfora?
Ⓐ juego de béisbol estaba empatado
Ⓑ las piernas le temblaban
Ⓒ corrió a primera base
Ⓓ un mar de rostros alegres

10. Lee esta oración:

Sentía sus manos como ladrillos, y las piernas le temblaban.

¿Por qué el autor compara las manos de Sara con ladrillos?
Ⓐ porque los ladrillos son usados para construir edificios
Ⓑ porque los ladrillos son ásperos y desiguales
Ⓒ porque los ladrillos son pesados y difíciles de levantar
Ⓓ porque los ladrillos son fuertes y gruesos

11. ¿Qué tipo de lenguaje figurado hay en esta oración?

El autobús de nuestra escuela es tan amarrillo como un limón.
Ⓐ metáfora
Ⓑ símil
Ⓒ hipérbole
Ⓓ personificación

SIGUE

ANÁLISIS Y RESPUESTA LITERARIA: Lenguaje figurado (continuación)

12. Lee esta oración:

Salí disparado por la salida más corta.

¿Qué significado tiene la palabra "disparado"?

(A) salir corriendo rápidamente por la salida más corta

(B) escuchar un disparo

(C) buscar la salida más corta

(D) salir caminando por la salida más próxima

ALTO

Harcourt • Evaluación de destrezas de lectura y lenguaje

LENGUAJE

Instrucciones: Lee cada pregunta. Rellena el círculo de la respuesta correcta que mejor describe la palabra o palabras subrayadas en cada oración.

13. ¿Cuál de las siguientes palabras es un sustantivo común en esta oración?

Yo envié la carta el martes pasado.

(A) carta

(B) envié

(C) la

(D) Yo

14. ¿Cuál de las siguientes palabras es un sustantivo común en esta oración?

El león es el animal más feroz de la selva.

(A) feroz

(B) león

(C) más

(D) es

15. ¿Cuál de las siguientes palabras es un sustantivo propio en esta oración?

Miguel tiene una cita con su doctor.

(A) Miguel

(B) doctor

(C) cita

(D) tiene

SIGUE ►

LENGUAJE (continuación)

---

16. ¿Cuál de las siguientes palabras es un sustantivo propio en esta oración?

Tomás se subió al árbol del jardín.

Ⓐ Tomás
Ⓑ árbol
Ⓒ jardín
Ⓓ subió

17. ¿Cuál es la palabra que completa correctamente esta oración?

Mis frutas favoritas son las manzanas, las uvas y las _____.

Ⓐ cereza
Ⓑ cerezaes
Ⓒ cerezaz
Ⓓ cerezas

18. ¿Cuál es la palabra que completa correctamente esta oración?

La toga de la _____ está hecha de seda roja.

Ⓐ muchachaz
Ⓑ muchachas
Ⓒ muchachaes
Ⓓ muchacha

19. ¿Cuál es el pronombre correcto para reemplazar la palabra subrayada en esta oración?

Los estudiantes hicieron un buen trabajo en la obra teatral de la clase. Los estudiantes trabajaron duro.

Ⓐ Él
Ⓑ Ella
Ⓒ Ellos
Ⓓ Nosotros

SIGUE ▶

Puntuación _____ *Tomados de la mano / Tema 2*

Harcourt • Evaluación de destrezas de lectura y lenguaje

LENGUAJE (continuación)

20. ¿Cuál de las siguientes palabras es un pronombre personal en esta oración?

Tú debiste estudiar antes del examen.

(A) estudiar

(B) Tú

(C) del

(D) examen

21. ¿Cuál es la palabra que completa correctamente esta oración?

_____ casa tiene piscina y un patio con árboles.

(A) Mía

(B) Tuya

(C) Nuestra

(D) Suya

22. ¿Cuál de las siguientes palabras es el posesivo que precede al sustantivo en esta oración?

Mi libro favorito es <u>El Principito</u>.

(A) El

(B) libro

(C) favorito

(D) Mi

ALTO

Tomados de la mano / Tema 2
Evaluación de destrezas de lectura y lenguaje
Prueba posterior

Harcourt

Orlando   Boston   Dallas   Chicago   San Diego

Part No. 9997-37840-7

ISBN 0-15-332284-5 (Package of 12)

4

· T R O F E O S ·

Evaluación de destrezas de lectura y lenguaje Prueba preliminar

Mi casa es tu casa • Tema 3

Nombre _____ Fecha _____

DESTREZA	Criterio:	Puntuación del estudiante:	Tiene facilidad para:
COMPRENSIÓN			
Sacar conclusiones	3/4	_____	_____
Comparar y contrastar	6/8	_____	_____
LENGUAJE	7/10	_____	_____
Los pronombres de complemento			
Los adjetivos y los artículos			
La concordancia entre sustantivo y adjetivo			
Los adjetivos demostrativos			
Los pronombres demostrativos			
PUNTUACIÓN TOTAL	16/22	_____	_____

¿Se hicieron arreglos especiales al administrar la prueba? ☐ Sí ☐ No

Tipo de arreglos: _____

_____

Printed in the United States of America

ISBN 0-15-332284-5

1 2 3 4 5 6 7 8 9 10   073   10 09 08 07 06 05 04 03 02 01

COMPRENSIÓN: Sacar conclusiones

Instrucciones: Lee el siguiente pasaje. Rellena el círculo de la respuesta correcta para cada pregunta.

En una excursión al bosque, en la primavera pasada, me encontré un mapache pequeñito y lo traje a casa. Lo alimenté con leche tibia que le daba a través de un popote. Ahora el mapache pesa más de quince libras y come de todo. Mi vecino, el señor Ruiz, me ha dicho que no quiere ver más a mi mapache en su jardín y que la próxima vez que lo sorprenda ahí se hará una gorra de piel de mapache. No se trata sólo de lo mucho que come. Ahora mi hermana también está enojada con él pues le escondió un anillo de oro en su madriguera.

Ha regresado la primavera y mi mapache está ahora con más energía que nunca. Lo monto en mi canoa y comienzo a remar río arriba. De repente, escuchamos el sonido de otros mapaches en la orilla. Mi mapache les responde en un tono suave y, sin darme cuenta, se desliza de la canoa y comienza a nadar hacia ellos. Lo esperé durante largo rato. Antes de que se hiciera de noche le di vuelta a mi canoa y comencé a remar a casa lentamente.

1. El mapache de este relato vivía antes en _____.
  (A) el bosque
  (B) una tienda de animales
  (C) el circo
  (D) el zoológico

2. ¿Qué palabra usarían la hermana del niño y su vecino para describir al mapache?
  (A) adorable
  (B) juguetón
  (C) tonto
  (D) molesto

SIGUE

COMPRENSIÓN: Sacar conclusiones (continuación)

3. El mapache se deslizó de la canoa y empezó a nadar para _____.

   Ⓐ tomar agua

   Ⓑ regresar a la casa

   Ⓒ encontrarse con los otros mapaches

   Ⓓ jugar con el niño

4. Al final del cuento, el niño debió sentirse _____.

   Ⓐ triste

   Ⓑ molesto

   Ⓒ tímido

   Ⓓ feliz

ALTO

Harcourt • Evaluación de destrezas de lectura y lenguaje

COMPRENSIÓN: Comparar y contrastar

Instrucciones: Lee el siguiente pasaje. Rellena el círculo de la respuesta correcta para cada pregunta.

Los tigres y los leones son los animales más grandes de la familia de los felinos. Algunas personas creen que el tigre es más feroz que el león pero éste último sigue siendo considerado como una de las criaturas salvajes más feroces y fuertes de la Tierra.

Los cuerpos de estas dos fieras son similares pero, a simple vista, pueden parecer muy diferentes. La pelambre de un león puede variar de amarillo o anaranjado oscuro, a un gris plateado o un color café. Los machos tienen una melena que también varía en tamaño e intensidad del color. Los tigres, en cambio, son reconocidos por las rayas que tienen en su piel. Según el tipo de tigre y del lugar en que vive, su pelambre puede ser de un anaranjado brillante con rayas de color pardo, variando hasta combinaciones de blanco y negro. El tigre no tiene melena.

Ambos animales son carnívoros y cazan de noche. Les gusta cazar animales de mediano a gran tamaño, tales como cebras y antílopes aunque se sabe que también son capaces de atacar a animales mucho más grandes.

Una característica que distingue a los leones del resto de los felinos es que éstos viven y cazan en manadas. Una manada es un grupo formado por varias leonas de diferentes edades, sus cachorros y uno o dos machos adultos. Los tigres generalmente viven y cazan solos.

5. Según este pasaje, **ambos**, leones y tigres pueden ser descritos como _____.

(A) feroces

(B) tranquilos

(C) mansos

(D) amigables

SIGUE

Harcourt • Evaluación de destrezas de lectura y lenguaje

COMPRENSIÓN: Comparar y contrastar (continuación)

6. Una característica **similar** de tigres y leones es que ambos _____.

Ⓐ poseen una pelambre anaranjada

Ⓑ tienen melena

Ⓒ pertenecen a la familia de los felinos

Ⓓ viven en manadas

7. La pelambre de un tigre es **diferente** de la de un león porque tiene _____.

Ⓐ manchas

Ⓑ el pelo más grueso

Ⓒ el pelo más largo

Ⓓ rayas en la piel

8. Una **diferencia** entre el tigre y el león es que el tigre _____.

Ⓐ caza de noche

Ⓑ vive solo

Ⓒ come carne

Ⓓ ataca a los antílopes

ALTO

Harcourt • Evaluación de destrezas de lectura y lenguaje

COMPRENSIÓN: Comparar y contrastar (continuación)

Carlos y Robert le pidieron a su papá que los llevara a nadar.

—Me gustaría ir a la piscina pública —dijo Carlos—. Me encanta lanzarme desde el trampolín y además casi siempre me encuentro con alguien de la escuela. Podríamos hacer una competencia o ejercicios de natación y después de nadar, comprar helado de fresa en la cafetería de la piscina.

—A mí no me gusta la piscina pública —interrumpió Robert—. Siempre hay mucha gente y mucho ruido en ese lugar. Cada vez que trato de nadar una vuelta completa se me atraviesa alguien en el camino. Además no me gusta tanto el helado de fresa. Preferiría ir a la playa porque allí tenemos más privacidad. Podemos buscar un lugar tranquilo donde papá pueda descansar mientras nadamos. Me gusta hacer castillos de arena y si quieres, podemos leer mientras tomamos el sol. Hasta podríamos observar las gaviotas.

—La playa queda muy lejos y no me gusta embarrarme de arena todo el cuerpo. Se mete hasta en la comida —protestó Carlos.

—Pues yo no quiero ir a la piscina pública —replicó Robert—. Me gusta sentir paz y estar tranquilo.

9. ¿En qué se **parecen** Carlos y Robert?
   - Ⓐ A ambos les gusta la playa.
   - Ⓑ A ambos les gusta sentir privacidad.
   - Ⓒ A ambos les gusta nadar.
   - Ⓓ A ambos les gusta la piscina pública.

10. Una **diferencia** entre Carlos y Robert es que a Carlos le gusta
    _____.
    - Ⓐ hacer castillos de arena
    - Ⓑ observar a las gaviotas
    - Ⓒ leer en la playa
    - Ⓓ lanzarse desde el trampolín

SIGUE ▶

COMPRENSIÓN: Comparar y contrastar (continuación)

11. Una **diferencia** entre Robert y Carlos es que a Robert le gusta

_____.

- (A) hacer competencias de clavado
- (B) leer en la playa
- (C) el helado de fresa
- (D) hacer competencias con sus amigos

12. ¿Qué palabra describe mejor a **ambos**?

- (A) útiles
- (B) caprichosos
- (C) pacientes
- (D) curiosos

ALTO

Puntuación _____   *Para ti / Tema 3*

Harcourt • Evaluación de destrezas de lectura y lenguaje

LENGUAJE

Instrucciones: Lee cada oración. Rellena el círculo de la respuesta correcta para cada pregunta.

13. ¿Cuál de las siguientes palabras es el pronombre de complemento directo en esta oración?

   El gato bebió la leche.

   (A) la
   (B) El
   (C) gato
   (D) leche

14. ¿Cuál de las siguientes palabras es el pronombre de complemento directo que completa correctamente esta oración?

   Me gusta jugar al béisbol. Siempre ___ disfruto mucho.
   (A) las
   (B) lo
   (C) la
   (D) tú

15. ¿Cuál de las siguientes palabras es un adjetivo en esta oración?

   Los López preparan comida italiana con frecuencia.
   (A) López
   (B) preparan
   (C) comida
   (D) italiana

SIGUE

LENGUAJE (continuación)

16. ¿Cuál es el adjetivo que completa correctamente esta oración?

El sol _____ iluminaba la tarde.

Ⓐ resplandeciente

Ⓑ resplandor

Ⓒ brillaba e

Ⓓ se escondía

17. ¿Cuál es el artículo que completa correctamente esta oración?

El personaje principal del cuento es _____ gato con botas.

Ⓐ la

Ⓑ el

Ⓒ los

Ⓓ las

18. ¿Cuál de las siguientes palabras es el artículo en esta oración?

Las rosas de nuestro jardín están muy hermosas.

Ⓐ de

Ⓑ Las

Ⓒ están

Ⓓ muy

19. Cuál de los siguientes adjetivos concuerda con el sustantivo en esta oración?

Julio le ha regalado a Patricia una _____ mariposa.

Ⓐ amarillo

Ⓑ hermoso

Ⓒ bonito

Ⓓ hermosa

SIGUE ▶

Harcourt • Evaluación de destrezas de lectura y lenguaje

LENGUAJE (continuación)

20. ¿Cuál de las siguientes palabras es un adjetivo demostrativo en esta oración?

Aquellos niños no están atendiendo a la clase.

(A) la

(B) clase

(C) aquellos

(D) están

21. ¿Cuál de las siguientes palabras es un artículo en esta oración?

La próxima semana tengo examen de matemáticas.

(A) la

(B) que

(C) estudiar

(D) y

22. ¿Cuál de las siguientes palabras es el pronombre demostrativo que completa correctamente esta oración?

El reloj que me quiero comprar es ___.

(A) tú

(B) ése

(C) lo

(D) el

ALTO

• TROFEOS •

Caminos abiertos / Tema 3
Evaluación de destrezas de lectura y lenguaje
Prueba preliminar

Harcourt

Orlando   Boston   Dallas   Chicago   San Diego

Part No. 9997-37847-4

ISBN 0-15-332284-5 (Package of 12)

4

Evaluación de destrezas de lectura y lenguaje Prueba posterior

Mi casa es tu casa • Tema 3

Nombre _____ Fecha _____

DESTREZA	Criterio:	Puntuación del estudiante:	Tiene facilidad para:

COMPRENSIÓN
Sacar conclusiones   3/4
Comparar y contrastar   6/8

LANGUAJE   7/10
Los pronombres de complemento
Los adjetivos y los artículos
La concordancia entre sustantivo y adjetivo
Los adjetivos demostrativos
Los pronombres demostrativos

PUNTUACIÓN TOTAL   16/22

¿Se hicieron arreglos especiales al administrar la prueba?   ❏ Sí   ❏ No

Tipo de arreglos: _____

_____

ISBN 0-15-332284-5

1 2 3 4 5 6 7 8 9 10   073   10 09 08 07 06 05 04 03 02 01

COMPRENSIÓN: Sacar conclusiones

Instrucciones: Lee el siguiente pasaje. Rellena el círculo de la respuesta correcta para cada pregunta.

Una mañana, al levantarme, escuché ruidos afuera de mi ventana. Sabía que mamá había hecho un hoyo en el jardín porque quería plantar algunas flores. Corrí para ver qué era ese ruido y descubrí que era un zorrillo. Al parecer, el animalito se había metido en el hoyo buscando alimentos y luego no había podido salir.

No tenía miedo del zorrillo, pero tampoco sabía cómo ayudarlo a salir. Mamá buscó en la guía de teléfonos y llamó a algunas personas que podrían ayudarnos. Luego, trajo una tabla y colocó una parte en el hoyo. En voz baja, me dijo que nos alejáramos y lo observáramos desde cierta distancia. Al poco rato, me sonreí cuando vimos salir al zorrillo que, al verse fuera del hoyo, salió corriendo.

1. El zorrillo de este pasaje era _____.

Ⓐ una mascota

Ⓑ un animal salvaje

Ⓒ un animal de granja

Ⓓ un animal de circo

2. Al parecer el zorrillo se metió en el hoyo porque quería _____.

Ⓐ entrar a la casa

Ⓑ esconderse del niño

Ⓒ buscar hormigas para comer

Ⓓ ver las flores

COMPRENSIÓN: Sacar conclusiones (continuación)

3. ¿Cómo se siente el niño al final del relato?

(A) molesto

(B) feliz

(C) enojado

(D) aburrido

4. La madre dijo que lo mejor era observar desde lejos para _____.

(A) no asustar al zorrillo

(B) ver mejor

(C) que el zorrillo no los atacara

(D) no preocuparse por lo que hiciera el zorrillo

ALTO

Harcourt • Evaluación de destrezas de lectura y lenguaje

COMPRENSIÓN: Comprar y contrastar

Instrucciones: Lee el siguiente pasaje. Rellena el círculo de la respuesta correcta para cada pregunta.

Entre los leones salvajes y los gatos que ves en una casa hay características similares y diferentes.

Tanto los leones como los gatos nacen ciegos e indefensos. Ambos tipos de felinos dependen de sus madres durante los primeros días, tanto para la alimentación como para que los protejan. Cuando crecen, comen carne. Ambos tienen treinta dientes que usan para cortar y despedazar los trozos de carne que tragan enteros. Ni los leones ni los gatos son capaces de masticar o triturar.

Sin embargo, hay una notable diferencia entre ellos: su tamaño. Los leones crecen mucho y llegan a pesar entre 250 y 500 libras. La mayoría de los gatos llega a pesar entre 5 y 15 libras. Un león adulto puede llegar a medir hasta tres pies y medio de alto, en cambio un gato sólo alcanza unas 10 pulgadas. Ambos tienen pelaje, que hasta puede ser del mismo color pero sólo los leones tienen melena.

Ambos tipos de felinos son muy ágiles y además, buenos cazadores. Pueden ver bien con poca luz y tienen muy buen sentido del olfato y del oído. Son pacientes cuando andan tras su presa, deslizándose silenciosamente sin que se sientan sus pasos. Luego, saltan y sostienen la presa entre sus garras. Los leones pueden atrapar animales grandes, tales como antílopes y cebras. Un gato domesticado, caza pájaros y ratones.

5. Una característica **similar** entre gatos y leones es que ambos _____.
  (A) cazan antílopes
  (B) son ciegos al nacer
  (C) llegan a medir tres pies y medio
  (D) pesan 500 libras

SIGUE ▶

COMPRENSIÓN: Comprar y contrastar (continuación)

6. Una **diferencia** entre los leones y los gatos es que sólo los leones tienen _____.

Ⓐ pelaje

Ⓑ garras

Ⓒ 30 dientes

Ⓓ melena

7. **Ni** los gatos **ni** los leones tienen _____.

Ⓐ dientes para triturar

Ⓑ un oído agudo

Ⓒ buen sentido de la vista

Ⓓ buen sentido del olfato

8. Según este pasaje, **ambos**, leones y gatos pueden describirse como _____.

Ⓐ grandes

Ⓑ domesticados

Ⓒ ágiles

Ⓓ lentos

ALTO

Puntuación _____   *Para ti / Tema 3*

Harcourt • Evaluación de destrezas de lectura y lenguaje

COMPRENSIÓN: Comprar y contrastar (continuación)

Sabrina y Marcos son primos. Ambos viven cerca del océano Atlántico, pero muy lejos uno del otro. Sabrina tiene diez años y vive en Maine. Marcos tiene nueve y vive en Florida. Cada verano se encuentran cuando sus familias se reúnen, ya sea en Maine o en Florida.

Donde vive Sabrina el agua del océano es muy fría. El paisaje de la orilla es rocoso y hace mucho viento. A Sabrina le gusta sentarse en las rocas para escribir y dibujar. Disfruta mucha el sonido de las olas cuando se estrellan contra las rocas dejando siempre un manto de espuma blanca sobre éstas. Cuando Marcos llega a visitarla, Sabrina lo lleva a caminar por la orilla y a escalar las rocas de la costa. Juntos, escuchan el mar y observan los barcos de pescadores que se pierden en el horizonte.

Donde vive Marcos, el agua del océano es cálida o tibia. La orilla es como una franja dorada en la que Marcos juega al voleibol y nada en la playa. Las olas llegan tranquilas a la arena de la costa. Cuando Sabrina visita a Marcos, ambos caminan por la arena en busca de caracolas.

9. ¿En qué se **parecen** Sabrina y Marcos?
   (A) ambos viven en Florida
   (B) tienen la misma edad
   (C) viven cerca del océano
   (D) son hermanos

10. Donde vive Sabrina el océano se **diferencia** de donde vive Marcos porque tiene _____.
   (A) una orilla rocosa
   (B) olas muy moderadas
   (C) mucha arena
   (D) caracolas

SIGUE ➤

COMPRENSIÓN: Comprar y contrastar (continuación)

11. En **ambos** lugares a los niños les gusta _____.

(A) navegar en barco

(B) jugar en la arena

(C) nadar en el océano

(D) recorrer la orilla

12. Marcos puede hacer cosas diferentes a las que hace Sabrina porque donde él vive el agua del océano es _____.

(A) ruidosa

(B) cálida

(C) tempestuosa

(D) espumosa

ALTO

Harcourt • Evaluación de destrezas de lectura y lenguaje

LANGUAJE

Instrucciones: Lee cada oración. Rellena el círculo de la respuesta correcta para cada pregunta.

13. ¿Cuál de las siguientes palabras es complemento directo en esta oración?

Nosotros visitamos a Luis en el hospital.

Ⓐ Nosotros visitamos

Ⓑ en

Ⓒ el hospital

Ⓓ a Luis

14. ¿Cuál de las siguientes palabras es un adjetivo en esta oración?

Muchas estrellas están escondidas detrás de las nubes.

Ⓐ son

Ⓑ estrellas

Ⓒ Muchas

Ⓓ nubes

15. ¿Cuál es el adjetivo que completa correctamente esta oración?

La casa de Gustavo está pintada de color _____.

Ⓐ roja

Ⓑ blanco

Ⓒ amarilla

Ⓓ negra

SIGUE

LANGUAJE (continuación)

16. ¿Cuál es el artículo que completa correctamente esta oración?

    _____ **gusano se envuelve en su capullo y se convierte en crisálida.**

    Ⓐ La

    Ⓑ Los

    Ⓒ Ese

    Ⓓ El

17. ¿Cuál de las siguientes palabras es un artículo en esta oración?

    En medio de la mesa había una fuente con muchos tamales.

    Ⓐ de

    Ⓑ la

    Ⓒ En

    Ⓓ muchos

18. ¿Cuál de las siguientes palabras es un adjetivo demostrativo en esta oración?

    Esta carne no estaba bien cocinada.

    Ⓐ Esta

    Ⓑ no

    Ⓒ bien

    Ⓓ cocinada

19. ¿Cuál de las siguientes palabras es el adjetivo que completa correctamente esta oración?

    _____ **computadora está equipada con la última tecnología.**

    Ⓐ Este

    Ⓑ Esa

    Ⓒ Aquel

    Ⓓ Aquellos

SIGUE ▶

Harcourt • Evaluación de destrezas de lectura y lenguaje

LANGUAJE (continuación)

20. ¿Cuál de las siguientes palabras es el pronombre demostrativo que completa correctamente esta oración?

El dulce que a mi abuela le gusta es _____ .

(A) aquella

(B) ésa

(C) aquellos

(D) éste

21. ¿Cuál de los siguientes adjetivos concuerda con el sustantivo en esta oración?

En verano me gusta el té ____ .

(A) frío

(B) fría

(C) fríamente

(D) muy fría

22. ¿Cuál de los siguientes adjetivos concuerda con el sustantivo en esta oración?

La libreta de forro _____ es mía.

(A) roja y verde

(B) amarilla y verde

(C) amarilla y marrón

(D) rojo y verde

ALTO

Caminos abiertos / Tema 3

Evaluación de destrezas de lectura y lenguaje

Prueba posterior

Orlando   Boston   Dallas   Chicago   San Diego

Part No. 9997-37841-5

ISBN 0-15-332284-5 (Package of 12)

4

· T R O F E O S ·

Evaluación de destrezas de lectura y lenguaje
Evaluación intermedia

Caminos abiertos / Temas 1, 2, 3

Nombre _____ Fecha _____

DESTREZA	Criterio	Puntuación del estudiante	Tiene facilidad para:
VOCABULARIO	6/8	_____	_____
ANÁLISIS Y RESPUESTA LITERARIA	4/6	_____	_____
COMPRENSIÓN	12/16	_____	_____
LENGUAJE	9/12	_____	_____
PUNTUACIÓN TOTAL	31/42	_____	_____

¿Se hicieron arreglos especiales al administrar la prueba? ❏ Sí   ❏ No

Tipo de arreglos: _____

_____

VOCABULARIO

Instrucciones: Lee cada oración. Rellena el círculo de la respuesta correcta para cada pregunta.

1. **Sería imposible manejar un carro hasta la Luna.**

   ¿Qué significado tiene la palabra *imposible*?
   (A) antes fue posible
   (B) no es posible
   (C) es posible de nuevo
   (D) posible en un futuro

2. ¿Qué prefijo se le puede añadir a la palabra *motor* para que signifique "de dos motores"?
   (A) multi
   (B) tri
   (C) bi
   (D) cuatri

3. ¿Qué prefijo se le puede añadir a la palabra *leal* para que signifique "no leal"?
   (A) súper
   (B) hiper
   (C) multi
   (D) des

4. **La tardanza de Pedro preocupaba a sus padres.**

   ¿Qué significado tiene la palabra *tardanza*?
   (A) danzar en la tarde
   (B) que la tarde no llegaba
   (C) que demora en llegar
   (D) que siempre llega tarde

SIGUE

VOCABULARIO (continuación)

5. **Él es un cartógrafo famoso.**

¿Qué significado tiene la palabra *cartógrafo*?

Ⓐ persona que hace los mapas

Ⓑ persona que reparte las cartas

Ⓒ persona que hace cajas de cartón

Ⓓ persona que tiene muy buena caligrafía

6. ¿Qué sufijo se le puede añadir a la palabra *color* para que signifique "que tiene varios colores"?

Ⓐ bi

Ⓑ súper

Ⓒ des

Ⓓ multi

7. ¿Qué palabra tiene la misma raíz que *automóvil* y *autógrafo*?

Ⓐ autobiografía

Ⓑ auditorio

Ⓒ auténtico

Ⓓ ausente

8. ¿Qué palabra tiene la misma raíz que *microscopio*?

Ⓐ millón

Ⓑ micrófono

Ⓒ migración

Ⓓ milímetro

Harcourt • Evaluación de destrezas de lectura y lenguaje

ALTO

Puntuación _____ *Para ti / Destrezas de mediados de curso*

ANÁLISIS Y RESPUESTA LITERARIA

Instrucciones: Lee el pasaje. Luego, lee las preguntas que siguen a cada pasaje. Rellena el círculo de la respuesta correcta para cada pregunta.

Era una calurosa tarde de verano. El sol era como un horno gigante. Wanda estaba sentada en el columpio del portal y se balanceaba suavemente hacia atrás y hacia adelante. La cadena que sostenía al columpio chirriaba cada vez que éste se movía. Wanda estaba aburrida y con mucho calor. Su mejor amiga, Sara, se había ido dos semanas, por lo que Wanda no tenía con quien jugar. Deseaba que se le ocurriera algo para divertirse.

Y justamente entonces Braulio, su vecino, llegó corriendo al portal. —¡Wanda! ¡Ven rápido a mi casa! Una señora ha llegado con gatitos para regalar. Si te apuras, puedes elegir un gatito para ti.

—¡Estaré allí en un minuto! —respondió Wanda muy animada.— Primero tengo que preguntarle a mi mamá si puedo tener uno.

Corrió hacia dentro de la casa para buscar a su mamá y pedirle permiso. En unos minutos, Wanda miraba a los tres gatitos que había traído la señora. Vio uno peludo, color carbón y con ojos verdes que la miraba fijamente. Al instante se encariñó con el pequeño gatito y preguntó si podía quedarse con él. La señora asintió y Wanda llevó el gatito a su casa. Sabía que no estaría aburrida de nuevo por largo tiempo ahora que tenía una mascota para que le hiciera compañía.

SIGUE ▶

ANÁLISIS Y RESPUESTA LITERARIA (continuación)

9. El personaje principal del pasaje es_____.

Ⓐ la mamá de Wanda

Ⓑ Wanda

Ⓒ Sara

Ⓓ Braulio

10. ¿Cuándo ocurre el pasaje?

Ⓐ temprano en la mañana

Ⓑ a la hora de almuerzo

Ⓒ durante la tarde

Ⓓ tarde en la noche

11. ¿Cuál es el problema en el pasaje?

Ⓐ Braulio, el amigo de Wanda, no jugará con ella.

Ⓑ Wanda está aburrida y necesita hacer algo divertido.

Ⓒ Wanda y Braulio necesitaban ganar dinero para comprar un gatito.

Ⓓ Wanda discutió con Sara una semana antes que ésta se fuera de viaje.

12. ¿Qué grupo de palabras en este pasaje es un símil?

Ⓐ como un horno gigante

Ⓑ chirriaba cada vez

Ⓒ hasta el portal

Ⓓ hacia dentro de la casa

SIGUE

Harcourt • Evaluación de destrezas de lectura y lenguaje

ANÁLISIS Y RESPUESTA LITERARIA (continuación)

13. ¿Cómo se solucionó el problema del pasaje?

Ⓐ Wanda tiene una nueva mascota para que le haga compañía.

Ⓑ Wanda recibe una amistosa carta de su amiga Sara.

Ⓒ Braulio invita a Wanda a jugar.

Ⓓ La mamá de Wanda le pagó a Braulio por haber arreglado el columpio del portal.

14. Lee esta oración del pasaje:

Vio a uno peludo, color carbón y con ojos verdes que la miraba fijamente.

¿Por qué el autor compara el gatito con el carbón?

Ⓐ porque el carbón es duro y seco

Ⓑ porque el carbón es de un color negro intenso

Ⓒ porque el carbón es polvoriento y sucio

Ⓓ porque el carbón es como un pequeño ladrillo

ALTO

COMPRENSIÓN

Instrucciones: Lee cada pasaje. Luego, lee las preguntas que siguen a cada pasaje. Rellena el círculo de la respuesta correcta para cada pregunta.

—No podré ganar el concurso de carteles de ciencias —se lamentaba Julio—. No se me ocurre nada atractivo para incluir en mi cartel. Mi amigo Zack le pedirá ayuda a su papá que trabaja en publicidad. Seguramente él ayudará a Zack y crearán un cartel muy atractivo e informativo a la vez. Será el ganador, sí, Zack será el ganador.

El padre de Julio lo escuchaba con atención y le respondió:

—Julio, el hecho de que el papá de Zack sepa de carteles no significa que Zack ganará el concurso. Estoy seguro de que él le dirá lo mismo que te he dicho yo. Haz tu propio trabajo, hazlo lo mejor que puedas y ten presente que ganar no lo es todo. Lo primero que debes hacer es pensar en el motivo de tu cartel.

Julio se dio cuenta de que su padre tenía razón. Decidió olvidarse de su deseo de ganar el concurso y comenzó a pensar en el motivo del concurso de carteles: convencer a la gente de la necesidad de conservar los recursos naturales. Después hizo una lista de las cosas que no se debían desperdiciar tanto en su casa. Por ejemplo, podrían cerrar la llave mientras se cepillan los dientes, o apagar la luz cuando salen de una habitación. También podrían lavar la ropa con agua fría y bañarse sin desperdiciar tanta agua. Su lista crecía y crecía. Cuando pensó que ya había incluido bastante, decidió ponerle un título a su cartel: "La conservación de recursos empieza por casa".

Al día siguiente, en el concurso de carteles, el juez que los examinaba pasó por frente al cartel de Zack, lo miró pero siguió de largo para detenerse frente al que había hecho Julio.

—Quien hizo este cartel pensó muy bien lo que quería expresar —dijo el juez—. Tiene muy buenas ideas acerca de cómo conservar los recursos naturales. Éste es el tipo de cartel que yo aspiraba a encontrarme aquí, por eso le doy el primer premio.

Harcourt • Evaluación de destrezas de lectura y lenguaje

SIGUE

COMPRENSIÓN (continuación)

15. Julio está preocupado porque cree que el cartel de Zack _____.

Ⓐ tendrá más ideas sobre la conservación

Ⓑ parecerá más trabajado

Ⓒ reflejará una investigación

Ⓓ lucirá más atractivo

16. ¿Cómo se sentirá el padre de Julio acerca del cartel que hizo su hijo?

Ⓐ decepcionado porque Julio no hizo un mejor trabajo

Ⓑ preocupado porque Julio desconoce el tema

Ⓒ orgulloso porque Julio puso mucho esfuerzo propio

Ⓓ sorprendido porque Julio cree que deben conservar recursos

17. ¿Por qué el juez aspiraba a ver un cartel como el de Julio?

Ⓐ Su cartel reunía todos los requisitos del concurso.

Ⓑ El cartel de Julio era atractivo y concreto.

Ⓒ El juez pensó que nadie haría un cartel.

Ⓓ El juez no comprendió el mensaje de los otros carteles.

18. ¿Cuál de las siguientes oraciones resume mejor este pasaje?

Ⓐ Julio está preocupado porque cree que el padre de Zack lo ayudará a hacer el cartel y por tanto ganará el concurso.

Ⓑ Julio se olvida de su deseo de ganar, piensa en los motivos del concurso y su cartel resulta ganador del primer premio.

Ⓒ Julio le sugiere a su familia que cierren la llave mientras se cepillan los dientes.

Ⓓ El cartel de Julio se titula "La conservación de recursos empieza por casa".

SIGUE

COMPRENSIÓN (continuación)

El petróleo, un líquido negro y espeso que se obtiene de las profundidades de la Tierra, es uno de nuestros recursos naturales más importantes. En una época se le llamó incluso "oro negro". Entre los miles de productos que se obtienen del petróleo, uno de los más importantes es la gasolina. La gasolina se utiliza como combustible para los autos, camiones, trenes y aviones. También los aceites y grasas que se utilizan para mantener ciertas máquinas en funcionamiento se obtienen del petróleo. Y más aún, miles de los productos que usas a diario se fabrican con materiales derivados del petróleo. Entre ellos se encuentran los líquidos de limpieza, los detergentes, la goma de las ruedas de autos, el asfalto, la tinta, la pintura y algunos cosméticos.

A través de los años, las personas han encontrado diferentes usos para el petróleo. Por ejemplo, en Babilonia, uno de los imperios más importantes de la antigüedad, se utilizaba el asfalto para edificar muros y pavimentar las calles. Los egipcios también usaban un aceite derivado del petróleo como medicina. Para cubrir las momias, los egipcios comenzaron a utilizar otro derivado, el alquitrán. La fabricación de armas en esa época, también se vio beneficiada por el uso del petróleo. Se sabe que en una batalla, llevada a cabo en el año 480 a.C. los persas usaron unas flechas cubiertas con una fibra que, al mojarla en un aceite se incendiaba fácilmente. Por su parte, los indígenas americanos comenzaron a usar el petróleo como combustible y algunos derivados, con fines medicinales. En el siglo XIX, los pioneros engrasaban las ruedas de sus carretas con petróleo para que rodaran más fácilmente en las largas expediciones. Otro combustible, el queroseno, también se obtiene de este recurso natural. El queroseno se usó durante mucho tiempo para encender lámparas y faroles en las casas y minas.

Harcourt • Evaluación de destrezas de lectura y lenguaje

SIGUE ▶

Para ti / Destrezas de mediados de curso

COMPRENSIÓN (continuación)

19. Según este pasaje podemos afirmar que el petróleo _____.

(A) ha sido sustituido por nuevos productos

(B) ha sido un recurso muy importante durante muchos años

(C) no es un combustible

(D) sólo se usa para fabricar medicinas

20. Los persas usaban un derivado del petróleo en sus flechas porque _____.

(A) así ardían más fácilmente

(B) las hacía venenosas

(C) hacía que las flechas volaran más rápidamente

(D) las sujetaba mejor al arco

21. Tanto los egipcios como los indígenas americanos usaban derivados del petróleo para _____.

(A) engrasar las ruedas

(B) construir muros

(C) pavimentar las calles

(D) fines medicinales

22. Seguramente al petróleo se le llamó "oro negro" porque _____.

(A) era muy útil para las personas

(B) se usaba para fabricar joyas

(C) se parecía al oro cuando le daba el sol

(D) costaba lo mismo que el oro

SIGUE

COMPRENSIÓN (continuación)

Gina y su prima Berta estaban de vacaciones en la granja del tío Alberto. Luego de un tremendo desayuno, saldrían con su tío para ayudarlo en las labores de la granja. Gina estaba ansiosa por darle de comer a los cerdos pero no quería dejar de ayudar primero a su tía, por lo que se ofreció para lavar los platos.

—Será una gran ayuda —respondió la tía Ana.

—Yo iré al corral de los cerdos, te espero allí —dijo Berta, a quien no le gustaba la idea de lavar platos.

Después de ayudar a la tía Ana, Gina corrió para unirse a Berta y al tío Alberto. Éste le había guardado algunas sobras para que se las diera a los cerdos. Cuando terminaron, regresaron los tres juntos a la casa. Las niñas corrieron al gallinero y sacaron algunos huevos frescos que colocaron en una cesta.

—Creo que debiéramos llevar estos huevos para la casa. Quizás tía Ana los necesite para hacer un postre —dijo Gina.

—Me parece muy buena idea —respondió el tío Alberto.

—Yo me voy a ver los caballos —dijo Berta, a quien no le hacía gracia regresar a la casa para llevar los huevos.

Por la noche, luego de la cena, Gina se ofreció para recoger la mesa y ayudar a su tía Ana.

—Yo me voy a dormir, estoy muy cansada —anunció Berta con un bostezo.

Harcourt • Evaluación de destrezas de lectura y lenguaje

SIGUE ➤

COMPRENSIÓN (continuación)

23. ¿Por qué Gina se ofreció para lavar los platos al principio del relato?

Ⓐ su tío Alberto se lo pidió

Ⓑ quería ser agradable y ayudar en la casa

Ⓒ no quería darle de comer a los cerdos

Ⓓ quería hacer lucir a Berta como una perezosa.

24. Gina quiere llevar los huevos para la casa porque _____.

Ⓐ se pueden reventar si quedan afuera

Ⓑ se los comerían los cerdos

Ⓒ la tía Ana los puede necesitar para un postre

Ⓓ las gallinas intentarán recuperarlos

25. ¿Por qué Berta bosteza y anuncia que se va a dormir al final del relato?

Ⓐ se siente mal

Ⓑ quiere regresar al corral de los cerdos

Ⓒ quiere ir a ver los caballos de nuevo

Ⓓ no quiere ayudar a recoger la mesa

26. Comparada con Berta, Gina es _____.

Ⓐ pícara

Ⓑ grosera

Ⓒ más responsable

Ⓓ más nerviosa

SIGUE ▶

COMPRENSIÓN (continuación)

En el año 1607, tres naves bajo el mando del capitán Christopher Newport partieron desde Inglaterra rumbo a Norteamérica. Varios de los expedicionarios venían en busca de tesoros. Otros, añoraban encontrar tierras donde plantar cultivos que no se daban en Inglaterra. Era un grupo pequeño, de unas 100 personas incluidos los niños. Navegaron por el río James en Virginia y en sus orillas establecieron el primer asentamiento anglo en Norteamérica, al que llamaron Jamestown, en honor al rey James de Inglaterra.

Sin embargo, los colonos no habían escogido el mejor lugar para su asentamiento. La tierra era cenagosa, el agua era sucia y los mosquitos hacían insoportable la existencia, además de transmitir muchísimas enfermedades. Muchos de los colonos murieron a consecuencia de estas enfermedades. La mayoría había venido en busca de oro, por lo que muy pocos estaban dispuestos a sacrificarse sembrando tierras no fértiles o construyendo nuevos asentamientos. Otro miembro de la expedición, el capitán John Smith, luchó incansablemente para mantener unidos a los colonos. Les compró maíz a los indígenas del área y obligó a trabajar a los hombres del asentamiento. El grupo atravesó por muchos momentos de crisis, tales como incendios, sequías, epidemias y hambruna. Por suerte, en 1610 llegaron al lugar nuevos colonos quienes traían abastecimientos y nuevas ideas acerca de cómo establecerse en el área.

Al principio, los colonos intentaron desarrollar cultivos que no se adaptaban bien al clima de Virginia. Con el tiempo, comenzaron a cultivar maíz y criaron cerdos. Un poco después, en 1612, comenzaron a cultivar un nuevo tipo de tabaco. Gracias al tabaco, el maíz y los cerdos, los colonos de la región pudieron sobrevivir.

Harcourt • Evaluación de destrezas de lectura y lenguaje

SIGUE

COMPRENSIÓN (continuación)

27. Según el pasaje, los colonos de Jamestown sufrieron mucho debido a _____.

Ⓐ sus disputas por el tesoro

Ⓑ la mala ubicación del asentamiento

Ⓒ las disputas por controlar el asentamiento

Ⓓ la escasez de madera para construir casas

28. El asentamiento de Jamestown logró sobrevivir gracias a que _____.

Ⓐ los colonos sembraron maíz, tabaco y criaron cerdos

Ⓑ el rey James de Inglaterra les envió dinero

Ⓒ los colonos encontraron una nueva ruta para el comercio

Ⓓ Christopher Newport les enseñó a sus hombres como negociar con los indígenas

29. Los primeros años en el asentamiento de Jamestown pueden ser descritos como _____.

Ⓐ relajados

Ⓑ duros

Ⓒ sorprendentes

Ⓓ misteriosos

30. ¿Cuál de las siguientes oraciones resume mejor este pasaje?

Ⓐ Algunos de los hombres que viajaron en las tres naves al mando del capitán Christopher Newport buscaban tesoros.

Ⓑ Los primeros colonos que fundaron Jamestown intentaron desarrollar cultivos que no se adaptaban al clima de Virginia.

Ⓒ Los fundadores de Jamestown, el primer asentamiento inglés en Virginia, fueron liderados por Christopher Newport y tras muchas dificultades y crisis lograron sobrevivir.

Ⓓ Muchos de los colonos de Jamestown murieron a causa del hambre y enfermedades.

ALTO

Harcourt • Evaluación de destrezas de lectura y lenguaje

LENGUAJE

Instrucciones: Lee cada oración. Rellena el círculo de la respuesta correcta para cada pregunta.

31. ¿Cuál de los grupos de palabras es una oración?

Ⓐ Las cajas abiertas.

Ⓑ Las serenas olas del mar.

Ⓒ La canción del sinsonte era muy agradable.

Ⓓ La elevada montaña.

32. ¿Qué tipo de oración es ésta?

Incluye un sobre de envío en tu carta.

Ⓐ declarativa

Ⓑ imperativa

Ⓒ interrogativa

Ⓓ exclamativa

33. ¿Cuál es la respuesta que mejor describe la palabra subrayada en esta oración?

La espesa <u>miel</u> cubrió mis dedos.

Ⓐ sujeto simple

Ⓑ predicado simple

Ⓒ sujeto compuesto

Ⓓ predicado compuesto

34. ¿Cuál es la respuesta que mejor describe las palabras subrayadas en esta oración?

Las ranas <u>croaban y saltaban</u> en el estanque.

Ⓐ sujeto simple

Ⓑ predicado simple

Ⓒ sujeto compuesto

Ⓓ predicado compuesto

SIGUE ▶

Harcourt • Evaluación de destrezas de lectura y lenguaje

LENGUAJE (continuación)

35. ¿Cuál de las siguientes palabras es un adjetivo en esta oración?

Las rosas y las azucenas <u>florecían</u> con colores brillantes.

Ⓐ rosas

Ⓑ brillantes

Ⓒ azucenas

Ⓓ colores

36. ¿Cuál de las siguientes palabras es un artículo en esta oración?

Nosotros sacamos a flote el velero y navegamos por horas.

Ⓐ a

Ⓑ el

Ⓒ por

Ⓓ horas

37. ¿Cuál es la respuesta que mejor describe las palabras subrayadas en esta oración?

Nos detuvimos para almorzar <u>porque teníamos hambre.</u>

Ⓐ oración simple

Ⓑ sujeto compuesto

Ⓒ oración compuesta

Ⓓ predicado simple

38. ¿Cuál de las siguientes palabras es un sustantivo propio en esta oración?

El gobernador de Texas asistió a la apertura del nuevo museo.

Ⓐ gobernador

Ⓑ Texas

Ⓒ apertura

Ⓓ museo

SIGUE

LENGUAJE (continuación)

39. ¿Cuál es la palabra que completa correctamente esta oración?

Muchas _____ usan sombreros diseñados con plumas o flores.

(A) señora

(B) señoraz

(C) señoras

(D) señoraes

40. ¿Cuál es la palabra que completa correctamente esta oración?

Las hojas de los _____ se están cayendo por el otoño.

(A) árboleses

(B) árbols

(C) árbol

(D) árboles

41. ¿Cuál es el posesivo que completa correctamente esta oración?

La oficina de ___ tío está en la calle Pino.

(A) mi

(B) está

(C) calle

(D) Pino

42. ¿Cuál es el pronombre personal que completa correctamente esta oración?

Aunque mis padres creen que puedo jugar al béisbol, ____ quieren hablar con el entrenador.

(A) ellos

(B) tú

(C) yo

(D) ellas

ALTO

Puntuación _____ *Para ti / Destrezas de mediados de curso*

Harcourt • Evaluación de destrezas de lectura y lenguaje

Caminos abiertos / Temas 1, 2, 3

Evaluación de destrezas de lectura y lenguaje

Evaluación intermedia

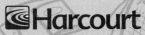

Harcourt

Orlando   Boston   Dallas   Chicago   San Diego

Part No. 9997-37851-2

ISBN 0-15-332284-5 (Package of 12)

4

Evaluación de destrezas de lectura y lenguaje Prueba preliminar

Pensamientos creadores • Tema 4

Nombre _____ Fecha _____

DESTREZA	Criterio	Puntuación del estudiante:	Tiene facilidad para:
COMPRENSIÓN			
Idea principal y deta	3/4	_____	_____
Secuencia	3/4	_____	_____
Seguir instrucciones escritas	3/4	_____	_____
		_____	_____
LENGUAJE	7/10		
Las formas cortas de los adjetivos			
Comparar con adjetivos			
Los superlativos			
Los verbos de unión y los verbos de acción			
Los verbos principales y los verbos auxiliares			
		_____	_____
PUNTUACIÓN TOTAL	16/22		

¿Se hicieron arreglos especiales al administrar la prueba?   ❏ Sí   ❏ No

Tipo de arreglos: _____

_____

COMPRENSIÓN: Idea principal y detalles

Instrucciones: Lee el siguiente pasaje. Rellena el círculo de la respuesta correcta para cada pregunta.

En muchas partes del país, la contaminación ambiental se ha convertido en un problema grave. El aire se contamina cuando sus partículas se mezclan con sustancias dañinas. Si respiramos este aire contaminado podemos enfermarnos.

Aunque la mayor fuente de contaminación está en algunas actividades humanas, otros contaminantes provienen de la naturaleza. Los *contaminantes* son las partículas o sustancias que contaminan o enrarecen el aire. Por ejemplo, cuando un volcán entra en erupción desprende nubes de gas y otras partículas que son dañinas para los seres vivos. Otro fenómeno natural que contamina el aire son las tormentas de polvo, el polen y las bacterias.

La mayor parte de la contaminación generada por los humanos proviene de los autos, camiones, autobuses y aviones. Otra fuente de contaminación son las fábricas, las plantas generadoras de energía, los depósitos donde se quema la basura y otros desperdicios.

La contaminación del aire puede ser dañina tanto para los humanos como para los animales pues provoca problemas respiratorios en jóvenes y adultos.

1. ¿Cuál es la idea principal de este pasaje?
   (A) Las nubes de gas y otras partículas que desprende un volcán pueden ser dañinas para los seres vivos.
   (B) La contaminación del aire se ha convertido en un problema serio en muchas partes del país.
   (C) Una fuente de contaminación son las fábricas, las plantas generadoras de energía, los depósitos donde se quema la basura y otros desperdicios.
   (D) Un fenómeno natural que contamina el aire son las tormentas de polvo, el polen y las bacterias.

SIGUE ▶

COMPRENSIÓN: Idea principal y detalles (continuación)

2. ¿Cuál de las siguientes es una fuente de contaminación generada por humanos?

Ⓐ televisores

Ⓑ libros

Ⓒ medicinas

Ⓓ camiones

3. ¿Cuál de las siguientes es una fuente de contaminación natural?

Ⓐ ballenas

Ⓑ volcanes

Ⓒ rocas

Ⓓ estrellas

4. Según este pasaje, la contaminación puede generar _____.

Ⓐ problemas de salud

Ⓑ incendios forestales

Ⓒ tormentas de polvo

Ⓓ crecimiento de bacterias

ALTO

Harcourt • Evaluación de destrezas de lectura y lenguaje

COMPRENSIÓN: Secuencia

Instrucciones: Lee el siguiente pasaje. Rellena el círculo de la respuesta correcta para cada pregunta.

Éste fue un fin de semana muy divertido. Casi ni me había levantado de la cama cuando escuché decir a papá "Luis, nos vamos todos al zoológico. Llevaremos a tu hermanita en el coche y nosotros tres caminaremos". Mamá había preparado un desayuno delicioso. Al poco rato ya estábamos listos para salir. Papá comentó que era un buen día para ir al zoológico pues, como hacía un poco de frío, los animales no se movían tanto como en verano.

Papá tenía razón. Hacía un día hermoso y parece que hasta los animales lo estaban disfrutando. Al llegar corrimos a ver los leones y luego fuimos a ver los tigres. Después, fuimos a observar los osos polares y también vimos algunas focas. A mi hermanita le daba risa todos los animales. Todo iba bien hasta que llegamos adonde estaba el hipopótamo. El enorme hipopótamo estaba en una piscina y podíamos acercarnos y mirarlo. Mi hermanita se asustó cuando vio a un animal tan grande. Tiró de la manga de mamá gritando "¡Adentro, adentro!". Aunque aún no sabe muchas palabras, mi hermanita encontró el modo de decir que quería estar lejos del hipopótamo. Papá empujó el cochecito hacia el interior del edificio que estaba al lado y cuando entramos, ¡tremenda sorpresa! A través de un cristal veíamos cómo se nos acercaba nadando otro hipopótamo aún más grande que el anterior. Mi hermanita gritó ¡Afuera, afuera! Salimos corriendo enseguida del edificio y nos reímos de su reacción. Luego, papá nos compró dulces y mi hermanita se tranquilizó y hasta se puso contenta de nuevo.

5. ¿Qué fue lo **primero** que sucedió cuando Luis se levantó de la cama?
   - (A) Desayunó con su familia.
   - (B) Escuchó decir a su papá que irían al zoológico.
   - (C) Colocó a su hermanita en el coche.
   - (D) Comenzó a vestirse.

SIGUE ▶

COMPRENSIÓN: Secuencia (continuación)

6. ¿Qué animales vieron **justo antes** de ver las focas?

   Ⓐ leones

   Ⓑ hipopótamos

   Ⓒ tigres

   Ⓓ osos polares

7. ¿Qué hicieron **justo después** de que la hermanita de Luis gritó "¡Adentro, adentro!"?

   Ⓐ Empujaron el coche hacia el interior de un edificio.

   Ⓑ Desayunaron y se vistieron para salir.

   Ⓒ Corrieron a ver los leones.

   Ⓓ Entraron al zoológico.

8. ¿Qué fue lo **último** que sucedió?

   Ⓐ La hermanita de Luis gritó "¡Afuera, afuera!".

   Ⓑ El hipopótamo nadaba hacia ellos.

   Ⓒ Papá dijo que hacía un buen día para salir.

   Ⓓ Papá les compró dulces a Luis y su hermanita.

ALTO

COMPRENSIÓN: Seguir instrucciones escritas

Instrucciones: Lee el siguiente pasaje. Rellena el círculo de la respuesta correcta para cada pregunta.

Hacer muffins de cerezas es fácil si se tiene la mezcla preparada. A continuación aparecen las instrucciones a seguir para esta receta.

Muffins de cerezas

Ingredientes	Útiles de cocina
1 caja de mezcla de muffins	polvo de hornear
1 huevo	colador
3/4 de taza de agua	abridor de lata
	1 lata de cerezas en conserva
	tazón pequeño para la mezcla
	molde para 12 panecillos
	cuchara grande

- Ordena todos los ingredientes y útiles de cocina que necesitarás.
- Enciende el horno a una temperatura de 400°.
- Añade polvo de hornear a cada molde de muffins para evitar que la mezcla se pegue al molde.
- Abre la lata de cerezas en conserva. Viértelas en el colador y enjuágalas con agua.
- Coloca el huevo y los 3/4 de taza de agua en el tazón de mezcla. Revuélvelos con la cuchara.
- Agrega la mezcla de los muffins y revuélvela hasta que el huevo, el agua y la mezcla se conviertan en una pasta.
- Añade las cerezas a la mezcla y revuélvelas con la cuchara.
- Vierte la mezcla en los moldes de los muffins hasta 3/4 de cada molde.
- Ponlos a hornear durante 20 minutos o hasta que se doren.
- Antes de servirlos déjalos enfriar unos cincos minutos.

COMPRENSIÓN: Seguir instrucciones escritas (continuación)

9. ¿Para qué usas el colador?
   - (A) para colocar la mezcla
   - (B) para enjuagar las cerezas
   - (C) para separar la yema de la clara de huevo
   - (D) para medir el agua

10. ¿Cuánta mezcla agregas a cada molde?
   - (A) una cucharada
   - (B) hasta que se llene el molde
   - (C) hasta la mitad del molde
   - (D) hasta 3/4 del molde

11. ¿Por cuánto tiempo horneas los muffins?
   - (A) 3 minutos
   - (B) 4 minutos
   - (C) 20 minutos
   - (D) 200 minutos

12. ¿Cuál es el último paso?
   - (A) dejar que los muffins se enfríen
   - (B) calentar el horno
   - (C) abrir la lata de cerezas
   - (D) sacar los ingredientes

ALTO

Harcourt • Evaluación de destrezas de lectura y lenguaje

Puntuación _____

LENGUAJE

Instrucciones: Lee cada pregunta. Rellena el círculo de la respuesta correcta para cada pregunta.

13. ¿Cuál de las siguientes palabras es la apócope o forma corta del adjetivo en esta oración?

Bolívar fue un gran hombre.

Ⓐ gran

Ⓑ un

Ⓒ fue

Ⓓ hombre

14. ¿Cuál de las siguientes palabras completa correctamente esta oración?

Él es un _____ trabajador.

Ⓐ primero

Ⓑ bueno

Ⓒ grande

Ⓓ buen

15. ¿Cuál es la forma correcta del adjetivo en grado comparativo en esta oración?

Esta casa es menos costosa que ésa.

Ⓐ Esta casa

Ⓑ menos costosa que

Ⓒ que ésa

Ⓓ costosa

16. ¿Cuál de las siguientes palabras completa correctamente esta oración?

El Océano Pacífico es _____ el Océano Atlántico.

Ⓐ más extenso que

Ⓑ extensísimo

Ⓒ muy extenso

Ⓓ mucho extenso

SIGUE

LENGUAJE: (continuación)

17. ¿Cuál es la forma correcta del adjetivo en grado comparativo superlativo en esta oración?

Esta es la fábrica más productiva de la región.

Ⓐ Esta es la

Ⓑ es la fábrica

Ⓒ más productiva de

Ⓓ de la región

18. ¿Cuál de las siguientes palabras completa correctamente esta oración?

Lourdes es la empleada _____ la planta.

Ⓐ más trabajadora de

Ⓑ muy trabajadora

Ⓒ la que más trabaja

Ⓓ trabajadora de

19. ¿Cuál es el verbo principal de esta oración?

Yo había escuchado el sonido de un disparo a lo lejos.

Ⓐ había

Ⓑ de

Ⓒ campana

Ⓓ escuchado

20. ¿Cuál es el verbo auxiliar de esta oración?

Julia ha terminado toda su tarea.

Ⓐ terminado

Ⓑ ha

Ⓒ su

Ⓓ tarea

Harcourt • Evaluación de destrezas de lectura y lenguaje

LENGUAJE: (continuación)

21. ¿Cuál es el verbo que realiza la acción en esta oración?

El oso polar corrió rápidamente a través del hielo.

Ⓐ oso

Ⓑ corrió

Ⓒ a través

Ⓓ hielo

22. ¿Cuál es el verbo de unión en esta oración?

La muchacha más alta es mi prima.

Ⓐ alta

Ⓑ muchacha

Ⓒ es

Ⓓ mi

ALTO

• TROFEOS •

Caminos abiertos / Tema 4

Evaluación de destrezas de lectura y lenguaje

Prueba preliminar

Harcourt

Orlando   Boston   Dallas   Chicago   San Diego

Part No. 9997-37848-2

ISBN 0-15-332284-5 (Package of 12)

4

· T R O F E O S ·

Evaluación de destrezas de lectura y lenguaje Prueba posterior

Pensamientos creadores • Tema 4

Nombre _____ Fecha _____

DESTREZA	Criterio	Puntuación del estudiante	Tiene facilidad para:

COMPRENSIÓN
Idea principal y detalles   3/4   _____   _____

Secuencia   3/4   _____   _____

Seguir instrucciones escritas   3/4   _____   _____

LENGUAJE   7/10   _____   _____
Las formas cortas de los adjetivos
Comparar con adjetivos
Los superlativos
Los verbos de unión y los verbos de acción
Los verbos principales y los verbos auxiliares

PUNTUACIÓN TOTAL   16/22   _____   _____

¿Se hicieron arreglos especiales al administrar la prueba?   ❑ Sí   ❑ No

Tipo de arreglos: _____

_____

COMPRENSIÓN: Idea principal y detalles

Instrucciones: Lee el siguiente pasaje. Rellena el círculo de la respuesta correcta para cada pregunta.

El ferrocarril jugó un papel muy importante en el desarrollo de la industria ganadera en Tejas. A principios del siglo XIX, la cría de ganado no generaba mucho dinero para los granjeros tejanos. Muchos de ellos criaban ganado para utilizar el cuero y la grasa, la cual se usaba en la fabricación de jabones y velas. Con el tiempo, los habitantes del este del país se interesaron por la carne de res y estaban dispuestos a pagar mucho dinero por este producto. Con la venta de ganado al este, los granjeros podían ganar hasta diez veces más que en Tejas. Sin embargo, este negocio se les dificultaba porque no tenían modo de transportar las reses desde Tejas hasta las ciudades del este.

El ferrocarril se convirtió así en el medio más rápido y económico de transportar el ganado desde Tejas hasta la zona este del país. Los granjeros comenzaron a organizar caravanas de ganado por los diferentes senderos o rutas que llevaban de Tejas a Oklahoma y otros pueblos conocidos como "pueblos de ganado". Estos pueblos de ganado eran sitios donde se habían construido corrales inmensos para mantener las reses hasta que llegara el tren. Cuando éste llegaba al pueblo, montaban el ganado en los vagones y lo transportaban a los mercados del este.

1. ¿De qué trata este pasaje?
   - Ⓐ cómo construir y administrar un ferrocarril
   - Ⓑ cómo el ferrocarril ayudó a los granjeros de Tejas
   - Ⓒ planes futuros para construir un ferrocarril en Tejas
   - Ⓓ cómo hacer jabones y velas a partir de la grasa del ganado

SIGUE

Harcourt • Evaluación de destrezas de lectura y lenguaje

COMPRENSIÓN: Idea principal y detalles (continuación)

2. Los granjeros querían vender el ganado en el este porque _____.

(A) los residentes de esas ciudades les pagaban más

(B) nadie en Tejas compraba carne

(C) en Tejas sólo estaba permitido usar el cuero de las reses

(D) querían ayudar al progreso del ferrocarril

3. Los granjeros organizaban las caravanas para _____.

(A) trasladar el ganado de lugares fríos a lugares cálidos

(B) traer otro tipo de ganado del este a Tejas

(C) trasladar el ganado hacia los corrales de los "pueblos de ganado"

(D) mantener vigilado el ganado para que no se lo robaran

4. Los "pueblos de ganado" eran importantes porque _____.

(A) tenían grandes corrales cerca del ferrocarril

(B) estaban localizados en el este del país

(C) tenían el mejor pasto

(D) eran el mejor lugar para conseguir abastecimiento

ALTO

Harcourt • Evaluación de destrezas de lectura y lenguaje

COMPRENSIÓN: Secuencia

Instrucciones: Lee el siguiente pasaje. Rellena el círculo de la respuesta correcta para cada pregunta.

Antes de que llegaran los europeos a Norteamérica, vivía en estas tierras una niña llamada "Cielo azul". Un día, Cielo azul quería una vasija o tazón para beber agua y le preguntó a su madre cómo podía hacerla. La madre le contestó que lo primero que debía hacer era sacar un poco de arcilla del suelo. Luego, debía humedecer la arcilla para que se ablandara y mantenerla húmeda para poderla moldear. Después debía amasarla hasta formar una bola con la mezcla. Una vez formada la bola de arcilla, debía introducirle el puño en el medio y aplanar el fondo para formar un tazón. "Hasta podrías decorarlo con dibujos", dijo la madre. "Una cosa sí es importante. Hay que dejarlo secar. Una vez seco, servirá para colocar nueces, moras y otras frutillas pero no servirá para beber agua. Si el tazón se moja, perderá la forma. Para que pueda sostener agua, habrá que hornearlo".

Cielo azul hizo todo lo que su madre le dijo. Sacó la arcilla, la moldeó y la decoró con dibujos. Había hecho un tazón muy bonito, con lunas y estrellas en la parte exterior. Aún necesitaba hornearlo o calentarlo para que se hiciera resistente al agua. Su madre le dijo que, para poner el tazón al fuego tendrían que esperar a que hiciera un día despejado, seco y con poco viento. Tuvieron que esperar varios días para hornear el tazón. Sin embargo, al cabo de una semana de haber preparado la arcilla, Cielo azul ya podía beber agua en el precioso tazón hecho por ella. Fue hasta un arroyo cercano, llenó su tazón de agua pura y cristalina y bebió un sorbo largo del refrescante líquido.

5. ¿Qué fue lo **primero** que sucedió en este pasaje?
- (A) Cielo azul decoró su propio tazón.
- (B) Cielo azul le preguntó a su madre cómo hacer un tazón.
- (C) Cielo azul había hecho un precioso tazón para beber agua.
- (D) Cielo azul y su madre esperaron un día despejado y seco.

SIGUE

COMPRENSIÓN: Secuencia (continuación)

6. ¿Qué hizo Cielo azul **justo antes** de aplanar el fondo del tazón?

Ⓐ lo puso al fuego

Ⓑ dejó que se secara

Ⓒ le introdujo el puño en el medio

Ⓓ lo decoró con dibujos

7. ¿Qué hizo Cielo azul **justo después** de decorar su tazón?

Ⓐ moldeó la arcilla con sus manos

Ⓑ mojó la arcilla

Ⓒ horneó la arcilla

Ⓓ dejó que la arcilla se secara

8. ¿Qué fue lo **último** que sucedió en este pasaje?

Ⓐ Cielo azul horneó su tazón.

Ⓑ Cielo azul bebió agua en su tazón.

Ⓒ Cielo azul sacó arcilla.

Ⓓ Cielo azul decoró su tazón con lunas y estrellas.

ALTO

Harcourt • Evaluación de destrezas de lectura y lenguaje

COMPRENSIÓN: Seguir instrucciones escritas

Instrucciones: Lee el siguiente pasaje. Rellena el círculo de la respuesta correcta para cada pregunta.

Carlos siguió estas instrucciones para ayudar a su amiga Ana a recuperarse de una torcedura de tobillo.

Cómo tratar una torcedura de tobillo

1. *Reposo*. Descansa el pie afectado.

2. *Hielo*. Coloca una bolsa de hielo cubierta con una toalla suave alrededor del tobillo para evitar que se inflame. Mantén la bolsa en el tobillo por unos 10 a 15 minutos.

3. *Compresión*. Enrolla una banda elástica alrededor del tobillo lesionado para evitar que se inflame. Colócala de modo que quede ajustada pero no tan apretada que pueda cortar la circulación de la sangre. Si ves que los dedos se te hinchan significa que la banda elástica está muy apretada. Aflójala un poco para que la sangre circule fácilmente.

4. *Elevar*. Sube el tobillo lesionado sobre varias almohadas para que quede elevado. Si el tobillo está más alto que el corazón sentirás menos dolor y se inflamará menos.

Si te sigue doliendo, ve al médico. El médico se asegurará de que no te has roto ningún hueso y puede diagnosticar si tu tobillo necesita algún otro tratamiento.

SIGUE

COMPRENSIÓN: Seguir instrucciones escritas (continuación)

9. ¿Qué es lo primero que Carlos debe hacer según las instrucciones?

(A) decirle a Ana que se siente para que descanse el pie

(B) colocar el tobillo lesionado sobre almohadas

(C) comprobar que los dedos no están inflamados

(D) enrollar una banda elástica bien apretada alrededor del tobillo

10. ¿Para qué sirve el hielo?

(A) para sostener el tobillo en su lugar

(B) para evitar que el tobillo se inflame

(C) para evitar que Ana sienta más dolor en el tobillo

(D) para evitar que el tobillo comience a sangrar

11. ¿Por cuánto tiempo es necesario el hielo?

(A) unos 5 minutos

(B) de 10 a 15 minutos

(C) unos 30 minutos

(D) hasta que Ana vaya al médico

12. Las almohadas se recomiendan en el paso _____.

(A) 1

(B) 2

(C) 3

(D) 4

ALTO

Harcourt • Evaluación de destrezas de lectura y lenguaje

Puntuación _____   *Para ti / Tema 4*

LENGUAJE

Instrucciones: Lee cada pregunta. Rellena el círculo de la respuesta correcta para cada pregunta.

13. ¿Cuál de las siguientes palabras es la apócope o forma corta del adjetivo en esta oración?

Algún día seré abogado.

Ⓐ Algún

Ⓑ día

Ⓒ seré

Ⓓ abogado

14. ¿Cuál es la forma correcta del adjetivo en grado comparativo en esta oración?

José es más pequeño que Isabel.

Ⓐ más

Ⓑ José es

Ⓒ más pequeño que

Ⓓ pequeño

15. ¿Cuál es la forma correcta del adjetivo en grado superlativo en esta oración?

El tío de Luis es inteligentísimo.

Ⓐ de

Ⓑ inteligentísimo

Ⓒ es

Ⓓ tío

SIGUE ▶

Harcourt • Evaluación de destrezas de lectura y lenguaje

LENGUAJE (continuación)

---

16. ¿Cuál es el verbo de acción de esta oración?

Los estudiantes elegirán al presidente de la escuela.

(A) estudiantes

(B) aula

(C) elegirán

(D) presidente

17. ¿Cuál es el verbo auxiliar de esta oración?

Todos hemos protegido nuestros recursos naturales.

(A) Todos

(B) protegido

(C) hemos

(D) nuestros

18. ¿Cuál es el verbo de unión en esta oración?

El conferenciante invitado está nervioso.

(A) está

(B) conferenciante

(C) invitado

(D) nervioso

19. ¿Cuál es el verbo que realiza la acción en esta oración?

El león se echó sobre la hierba alta y gruesa.

(A) león

(B) alta

(C) echó

(D) hierba

Harcourt • Evaluación de destrezas de lectura y lenguaje

SIGUE ▶

LENGUAJE (continuación)

20. ¿Cuál es la forma correcta para completar esta oración?

Pedro _____ comido arroz con pollo.

(A) es

(B) ha

(C) hemos

(D) han

21. ¿Cuál es la forma correcta para completar esta oración?

Ellos _____ en Madrid.

(A) han vivido

(B) hemos vivido

(C) han viviendo

(D) vivir

22. ¿Cuál es la forma correcta para completar esta oración?

Nosotros hemos _____ la exposición.

(A) ver

(B) visto

(C) viste

(D) veo

ALTO

TROFEOS

Pensamientos creadores / Tema 4

Evaluación de destrezas de lectura y lenguaje

Prueba posterior

Orlando   Boston   Dallas   Chicago   San Diego

Part No. 9997-37842-3

ISBN 0-15-332284-5 (Package of 12)

4

TROFEOS

Evaluación de destrezas de lectura y lenguaje Prueba preliminar

Lazos comunitarios • Tema 5

Nombre _____ Fecha _____

DESTREZA	Criterio:	Puntuación del estudiante:	Tiene facilidad para:

COMPRENSIÓN

Propósito del autor   3/4   _____   _____

Elementos de no ficción   3/4   _____   _____

DESTREZAS DE INVESTIGACIÓN E INFORMACIÓN

Fuentes de referencia   3/4   _____   _____

LENGUAJE   7/10   _____   _____
  Los verbos regulares en presente
  Los verbos irregulares en presente
  Los verbos regulares en pretérito
  Los verbos irregulares en pretérito
  El pretérito imperfecto

PUNTUACIÓN TOTAL   16/22   _____

¿Se hicieron arreglos especiales al administrar la prueba?   ❏ Sí   ❏ No

Tipo de arreglos: _____

_____

COMPRENSIÓN: Propósito y perspectiva del autor

Instrucciones: Lee cada pasaje. Rellena el círculo de la respuesta correcta para cada pregunta.

Autor 1

La Estatua de la libertad es un gigantesco monumento que se alza en plena bahía de Nueva York. La estatua fue un regalo amistoso del gobierno francés a Estados Unidos en 1884. Con ella quisieron honrar la libertad que disfrutan los estadounidenses bajo su gobierno democrático.

La estatua representa a una mujer que viste una toga y mira al horizonte con orgullo. Su brazo derecho, levantado, sostiene una gran antorcha empinada al aire. Su brazo izquierdo sostiene una lápida en la que está grabada la Declaración de Independencia. Sobre su cabeza, una corona de espigas, que se elevan como rayos de sol. En sus pies, un grillete partido representa la derrota de la tiranía.

En la base de la estatua se inscribió el poema "El nuevo coloso", escrito por Emma Lazarus. El poema narra que la estatua de la libertad da la bienvenida a los inmigrantes que llegan a Estados Unidos.

Autor 2

En Nueva York hay muchos lugares interesantes para visitar; pero entre todos hay uno que no te puedes perder: la Estatua de la libertad. Este monumento es una de las obras escultóricas más bellas del mundo. Muchas veces oí decir a mi abuela lo que sintió cuando vio la Estatua de la libertad por primera vez a su llegada a este país. Cuenta que desde que vio este monumento supo que sería bien recibida en ésta, la patria de los libres.

La estatua ha dado la bienvenida a muchos, muchos inmigrantes que han arribado a nuestro país. Para muchos de ellos que huyen de guerras, hambrunas o por miedo a persecuciones políticas, la estatua es un símbolo de esperanza, libertad y una nueva oportunidad en la vida. Por esto, si visitas Nueva York, no debes dejar de ir a la Estatua de la libertad.

SIGUE ▶

COMPRENSIÓN: Propósito y perspectiva del autor (continuación)

1. El propósito principal del autor 1 es _____.

    (A) informar

    (B) persuadir

    (C) entretener

    (D) advertir

2. ¿Cuál de las siguientes afirmaciones podría haber sido hecha por el autor 1?

    (A) La Estatua de la libertad es la escultura más bella del mundo.

    (B) La Estatua de la libertad mide 151 pies de alto y pesa 450,000 libras.

    (C) Ningún otro monumento de Estados Unidos tiene tanto significado para los inmigrantes.

    (D) La Estatua de la libertad se eleva firme y orgullosa; jamás será destruida porque es un símbolo de esperanza para muchos ciudadanos.

3. El propósito principal del autor 2 es _____.

    (A) informar

    (B) persuadir

    (C) entretener

    (D) advertir

4. ¿Cuál de las siguientes afirmaciones podría haber sido hecha por el autor 2?

    (A) La Estatua de la libertad representa los sueños y esperanzas de los recién llegados a Estados Unidos.

    (B) La Estatua de la libertad no tiene ningún significado pero es un monumento bonito.

    (C) La Estatua de la libertad debiera ser desplazada de la bahía de Nueva York.

    (D) La Estatua de la libertad debiera ser destruida porque su mantenimiento es muy costoso.

ALTO

Harcourt • Evaluación de destrezas de lectura y lenguaje

COMPRENSIÓN: Elementos de no ficción

Instrucciones: Lee cada pasaje. Rellena el círculo de la respuesta correcta para cada pregunta.

Una tierra de hielo y fuego

¿Te gustaría visitar un lugar donde puedas ver a la vez cosas muy frías y cosas muy calientes? Si vas a Islandia, encontrarás que tiene volcanes y glaciares; por eso se le llama la "tierra de hielo y fuego".

Datos sobre Islandia

Islandia tiene muchos volcanes y manantiales de aguas termales. En esta pequeña extensión de tierra, cada cinco años entra en erupción un volcán. En total hay unos 200 volcanes en Islandia, lo que la convierte en una de las áreas de mayor actividad volcánica del planeta.

Sin embargo, gran parte de Islandia está cubierta de hielo proveniente de los glaciares. De hecho, el tercer glaciar más grande del mundo se encuentra allí.

5. Este pasaje está estructurado en párrafos de _____.
- (A) causa y efecto
- (B) idea principal y detalles
- (C) secuencia de sucesos
- (D) comparación

6. ¿Cuál es el propósito de la frase **Datos sobre Islandia** en este pasaje?
- (A) es el título del pasaje
- (B) es un pie de foto
- (C) es un enunciado que indica de lo que trata el pasaje
- (D) es el tema del segundo párrafo

SIGUE

COMPRENSIÓN: Elementos de no ficción (continuación)

Rumbo norte

Las aventuras de Matthew Henson (1866-1955), un explorador afroamericano originario de Maryland, comenzaron desde sus adolescencia. Era aún muy joven cuando se embarcó como marinero a recorrer el mundo.

Luego, en 1888 Matthew se unió al Almirante Robert Peary en el primero de muchos viajes de exploración que realizarían juntos. En esta primera travesía llegaron a Nicaragua. Años más tarde, los expedicionarios cambiaron de rumbo y se dirigieron a descubrir el polo Norte.

Matthew Henson realizó un gran esfuerzo para llevar la expedición a término. Tuvo que aprender varios dialectos de indígenas americanos como los inuit o esquimales para poder comunicarse con ellos. Luego de varios meses, los expedicionarios llegaron por fin al Polo norte en 1909.

Años después, en 1944 Henson realizó otro viaje importante. Esta vez, a la capital de su país, Washington, D.C. para recibir una medalla por las contribuciones científicas de su trabajo.

7. Este pasaje está estructurado en párrafos de _____.

Ⓐ causa y efecto

Ⓑ idea principal y detalles

Ⓒ secuencia de sucesos

Ⓓ comparación

8. ¿Cuál es el propósito de la frase **Rumbo norte** en este pasaje?

Ⓐ es el título del pasaje

Ⓑ Ies un pie de foto

Ⓒ es el enunciado de una sección del pasaje

Ⓓ es el tema principal del primer párrafo

ALTO

Harcourt • Evaluación de destrezas de lectura y lenguaje

DESTREZAS DE INVESTIGACIÓN E INFORMACIÓN: Fuentes de referencia

Instrucciones: Rellena el círculo de la respuesta correcta para cada pregunta.

9. ¿Dónde buscarías para encontrar un sinónimo de la palabra *incómodo*?
   Ⓐ diccionario de sinónimos
   Ⓑ enciclopedia
   Ⓒ anuario
   Ⓓ atlas

10. ¿Cuál sería la **mejor** fuente para encontrar información sobre las águilas?
   Ⓐ atlas
   Ⓑ diccionario
   Ⓒ enciclopedia
   Ⓓ periódico

11. ¿Dónde buscarías para encontrar el cambio del costo de una comida en un restaurante del año 2000 al 2001?
   Ⓐ enciclopedia
   Ⓑ anuario
   Ⓒ diccionario
   Ⓓ diccionario de sinónimos

12. ¿Dónde buscarías para encontrar un sinónimo de la palabra *emocionante*?
   Ⓐ atlas
   Ⓑ anuario
   Ⓒ diccionario de sinónimos
   Ⓓ enciclopedia

ALTO

LENGUAJE

Instrucciones: Lee cada pregunta. Rellena el círculo de la respuesta correcta para cada pregunta.

13. ¿Cuál de las siguientes palabras es el verbo conjugado en tiempo pretérito en esta oración?

Ayer, fui a la fiesta de cumpleaños de Pepe.

Ⓐ fiesta

Ⓑ fui

Ⓒ Ayer

Ⓓ cumpleaños

14. ¿Cuál de las siguientes palabras es el verbo conjugado en tiempo presente en esta oración?

Los bomberos combatieron el fuego hasta apagarlo.

Ⓐ combatieron

Ⓑ fuego

Ⓒ hasta

Ⓓ bomberos

15. ¿Cuál de las siguientes palabras es el verbo conjugado en tiempo pretérito imperfecto en esta oración?

La cebra huía de las garras del león.

Ⓐ garras

Ⓑ huía

Ⓒ cebra

Ⓓ de

Harcourt • Evaluación de destrezas de lectura y lenguaje

SIGUE ➤

LENGUAJE (continuación)

16. ¿Cuál de las siguientes palabras es la forma correcta del verbo conjugado en tiempo pretérito en esta oración?

Toda la ropa del viaje _____ en una sola maleta.

Ⓐ cabe

Ⓑ cupieron

Ⓒ cupo

Ⓓ caben

17. ¿Cuál es el tiempo presente del verbo que concuerda con el sujeto en esta oración?

José merienda y _____ televisión.

Ⓐ miraba

Ⓑ mirará

Ⓒ miró

Ⓓ mira

18. ¿Cuál es el tiempo presente del verbo que concuerda con el sujeto en esta oración?

El león _____ a su presa entre la maleza.

Ⓐ ha acechado

Ⓑ acechó

Ⓒ acecha

Ⓓ acechaba

19. ¿Cuál es el tiempo pretérito del verbo que completa correctamente esta oración?

Ayer mi mamá _____ el juego de fútbol de mi hermano.

Ⓐ firmar

Ⓑ firma

Ⓒ filmó

Ⓓ filmará

SIGUE

LENGUAJE (continuación)

20. ¿Cuál es el tiempo pretérito del verbo que completa correctamente esta oración?

El fin de semana pasado _____ el garaje.

(A) limpiar

(B) ha limpiado

(C) limpiaremos

(D) limpiamos

21. ¿Cuál es la forma del verbo que completa correctamente esta oración?

Yo pensé que _____ la respuesta, pero me equivoqué.

(A) supe

(B) sabré

(C) sabía

(D) sé

22. ¿Cuál es la forma del verbo que completa correctamente esta oración?

La semana pasada mi tío nos _____ a un parque de diversiones.

(A) llevaron

(B) llevó

(C) llevará

(D) lleva

ALTO

Harcourt • Evaluación de destrezas de lectura y lenguaje

Lazos comunitarios / Tema 5
Evaluación de destrezas de lectura y lenguaje
Prueba preliminar

Harcourt

Orlando   Boston   Dallas   Chicago   San Diego

Part No. 9997-37849-0

ISBN 0-15-332284-5 (Package of 12)

4

· T R O F E O S ·

Evaluación de destrezas de lectura y lenguaje Prueba posterior

Lazos comunitarios • Tema 5

Nombre _____ Fecha _____

DESTREZA	Criterio:	Puntuación del estudiante:	Tiene facilidad para:
COMPRENSIÓN			
Propósito del autor	3/4	_____	_____
Elementos de no ficción	3/4	_____	_____
DESTREZAS DE INVESTIGACIÓN E INFORMACIÓN			
Fuentes de referencia	3/4	_____	_____
LENGUAJE	7/10	_____	_____
Los verbos regulares en presente			
Los verbos irregulares en presente			
Los verbos regulares en pretérito			
Los verbos irregulares en pretérito			
El pretérito imperfecto			
PUNTUACIÓN TOTAL	16/22	_____	_____

¿Se hicieron arreglos especiales al administrar la prueba?   ❏ Sí   ❏ No

Tipo de arreglos: _____

_____

COMPRENSIÓN: Propósito y perspectiva del autor

Instrucciones: Lee cada pasaje. Rellena el círculo de la respuesta correcta para cada pregunta.

Autor 1

Una de las luchas más interesantes en la naturaleza es el conflicto entre las hormigas y las hormigas león. Las hormigas león son larvas que tienen apariencia de libélulas. Una característica que distingue a la hormiga león del resto de los insectos es que ésta se desplaza de adelante hacia atrás, haciendo una espiral o como en curvas. De este modo va cavando una especie de túnel en la arena o en el polvo. Cuando termina de hacer el túnel, el insecto se esconde en éste a la espera de que caiga alguna hormiga a la que atrapa con dos largas tenazas parecidas a la de la langosta. Generalmente, las colonias de hormigas se percatan de la presencia o cercanía de las hormigas león y tratan de alejarse y de evitar los túneles de estas larvas. Sin embargo, cada vez que se alejan, las hormigas león se desplazan a las cercanías de la nueva colonia.

Autor 2

Si nunca has visto a una hormiga león tratando de atrapar a una hormiga, te recomiendo que lo hagas. ¡Es muy divertido! Lo único que tienes que hacer es situarte cerca del túnel que construye la hormiga león y observar pacientemente. Mucha gente cree que las peleas interesantes ocurren sólo entre animales grandes, como leones y antílopes. Sin embargo, las batallas entre los insectos son tan interesantes como las de otros animales y, además, pueden observarse de cerca sin correr peligro. Observar el comportamiento de una hormiga león es tan entretenido, que no te acordarás ni de ver televisión.

Harcourt • Evaluación de destrezas de lectura y lenguaje

SIGUE

COMPRENSIÓN: Propósito y perspectiva del autor (continuación)

1. El propósito principal del autor 1 es _____.
   - (A) persuadir
   - (B) informar
   - (C) entretener
   - (D) advertir

2. ¿Cuál de las siguientes afirmaciones podría haber sido hecha por el autor 1?
   - (A) La hormiga león se esconde a la espera de que caiga alguna hormiga.
   - (B) Es divertido ver cómo la hormiga león mueve sus tenazas.
   - (C) Si te quieres divertir, destruye el túnel de la larva para que salga la hormiga león.
   - (D) Observar a las hormigas león es fácil y te gustará.

3. El propósito principal del autor 2 es _____.
   - (A) persuadir
   - (B) informar
   - (C) entretener
   - (D) advertir

4. ¿Cuál de las siguientes afirmaciones podría haber sido hecha por el autor 2?
   - (A) La hormiga león tiene un par de tenazas largas.
   - (B) La hormiga león hace sus túneles en suelo seco y fino.
   - (C) A tus amigos les encantará observar a las hormigas león.
   - (D) El túnel que construye la hormiga león puede llegar a medir hasta 2 pulgadas.

Harcourt • Evaluación de destrezas de lectura y lenguaje

ALTO

COMPRENSIÓN: Elementos de no ficción

Instrucciones: Lee cada pasaje. Rellena el círculo de la respuesta correcta para cada pregunta.

EL GRAN CAÑÓN

El Gran Cañón ha sido llamado una de las siete maravillas del mundo. Dividido por el río Colorado, el Gran Cañón es famoso mundialmente por la belleza de su paisaje.

Descripción del Cañón

Las paredes del cañón tienen muchas formas diferentes. En ellas, observas variedades de colores y tonalidades de verde, rosado, rojo, gris y hasta violeta. El desfiladero del cañón se extiende unas 277 millas de largo y llega a medir hasta una milla de profundidad.

Las paredes del acantilado

Las paredes del acantilado contienen miles de años de la historia de nuestro planeta. En sus rocas aún puedes encontrar fósiles de antiguos reptiles e insectos incrustados en la piedra.

5. Este pasaje está estructurado en párrafos de _____.
- Ⓐ causa y efecto
- Ⓑ idea principal y detalles
- Ⓒ secuencia de sucesos
- Ⓓ comparación y contraste

6. ¿Qué información pensarías encontrar en la sección **Descripción del Cañón?**
- Ⓐ El cañón mide unas 18 millas en su separación más ancha.
- Ⓑ Los fósiles que se encuentran en las paredes del acantilado muestran los cambios en nuestro planeta.
- Ⓒ Algunos fósiles son de caracolas y conchas marinas.
- Ⓓ Hasta la lluvia y el viento han dejado sus huellas en las paredes del cañón.

SIGUE ▶

COMPRENSIÓN: Elementos de no ficción (continuación)

OSOS

El animal terrestre carnívoro más grande del planeta es el oso pardo de Alaska. Este tipo de oso puede llegar a medir hasta 9 pies de largo y pesar unas 1,700 libras. Por el contrario, el oso malayo, es el más pequeño de los animales de esta especie. El oso malayo sólo llega a medir de 3 a 4 pies de largo y su peso oscila entre 60 y 100 libras.

Dónde viven los osos

El oso pardo de Alaska tiene su hábitat en esa región, tanto en la parte continental como en las islas cercanas al estado. Por ejemplo, se han visto osos pardos en la isla Kodiak, en la costa sureste de Alaska.

El oso malayo habita en los bosques de Borneo, Birmania, Indochina, la península malaya y otras áreas. Este animal arranca las ramas de los árboles para hacer su madriguera, donde descansa durante el día.

Cómo lucen los osos

El color del oso pardo de Alaska puede variar de una tonalidad casi amarillenta a casi negro. El oso malayo es de pelambre negra.

7. Este pasaje está estructurado en párrafos de _____.

Ⓐ causa y efecto

Ⓑ idea principal y detalles

Ⓒ secuencia de sucesos

Ⓓ comparación y contraste

8. ¿Qué propósito tiene la frase **"Dónde viven los osos"** en este pasaje?

Ⓐ es el título del pasaje

Ⓑ es un pie de foto

Ⓒ es el título de una sección del pasaje

Ⓓ es la idea principal del segundo párrafo

ALTO

Puntuación _____   *Lazos comunitarios / Tema 5*

Harcourt • Evaluación de destrezas de lectura y lenguaje

DESTREZAS DE INVESTIGACIÓN E INFORMACIÓN: Fuentes de referencia

Instrucciones: Rellena el círculo de la respuesta correcta para cada pregunta.

9. ¿Dónde buscarías un sinónimo de la palabra *veloz*?
Ⓐ diccionario de sinónimos
Ⓑ enciclopedia
Ⓒ anuario
Ⓓ atlas

10. ¿Dónde buscarías información para un escribir un ensayo sobre España?
Ⓐ diccionario
Ⓑ diccionario de sinónimos
Ⓒ enciclopedia
Ⓓ periódico

11. ¿Dónde buscarías la información sobre qué estados bordean el Lago Superior?
Ⓐ directorio de teléfonos
Ⓑ diccionario
Ⓒ diccionario de sinónimos
Ⓓ atlas

12. ¿Dónde podrías encontrar el significado de la palabra *mástil*?
Ⓐ diccionario
Ⓑ anuario
Ⓒ atlas
Ⓓ enciclopedia

ALTO

Harcourt • Evaluación de destrezas de lectura y lenguaje

LENGUAJE

Instrucciones: Lee cada pregunta. Rellena el círculo de la respuesta correcta para cada pregunta.

13. ¿Cuál es el verbo conjugado en tiempo pretérito imperfecto en esta oración?

Las llamas de la fogata daban luz al campamento.

(A) llamas

(B) luz

(C) daban

(D) campamento

14. ¿Cuál es el verbo conjugado en tiempo pretérito en esta oración?

El primer ministro regresó al país después de una larga gira internacional.

(A) primer

(B) regresó

(C) después

(D) gira

15. ¿Cuál es el verbo conjugado en tiempo presente en esta oración?

Carlos hace la tarea.

(A) Carlos

(B) hace

(C) la

(D) tarea

Harcourt • Evaluación de destrezas de lectura y lenguaje

SIGUE ▶

LENGUAJE (continuación)

16. ¿Cuál es el tiempo pretérito imperfecto del verbo que concuerda con el sujeto en esta oración?

El muchacho ansiaba poder llegar a ser un gran médico.

Ⓐ ser

Ⓑ poder

Ⓒ ansiaba

Ⓓ médico

17. ¿Cuál es el tiempo presente del verbo que concuerda con el sujeto en esta oración?

El oso _____ en la corriente del río y caza su presa en el bosque.

Ⓐ pescar

Ⓑ pesaó

Ⓒ pescará

Ⓓ pesca

18. ¿Cuál es el tiempo presente del verbo que concuerda con el sujeto en esta oración?

Hoy muchas personas _____ microondas en sus cocinas.

Ⓐ tiene

Ⓑ tienen

Ⓒ tenían

Ⓓ tendrán

SIGUE

LENGUAJE (continuación)

---

19. ¿Cuál es el tiempo pretérito del verbo que completa correctamente esta oración?

Ayer los _____ a todos cuando conecté un jonrón.

Ⓐ sorprendí

Ⓑ sorprender

Ⓒ sorprendió

Ⓓ sorprenderé

20. ¿Cuál es el tiempo presente del verbo que completa correctamente esta oración?

Hoy, todos los compañeros de clase _____ a la playa.

Ⓐ irán

Ⓑ fueron

Ⓒ ir

Ⓓ van

21. ¿Cuál es la forma del verbo que completa correctamente esta oración?

Nuestra clase _____ un nuevo proyecto de ciencias.

Ⓐ comienza

Ⓑ comenzó

Ⓒ comenzará

Ⓓ comienza

22. ¿Cuál es la forma del verbo que completa correctamente esta oración?

Ayer _____ a mi perro.

Ⓐ bañaré

Ⓑ bañé

Ⓒ baño

Ⓓ bañaría

ALTO

Puntuación _____   *Lazos comunitarios* / Tema 5

Harcourt • Evaluación de destrezas de lectura y lenguaje

Caminos abiertos / Tema 5
Evaluación de destrezas de lectura y lenguaje
Prueba posterior

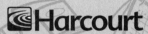

Harcourt

Orlando   Boston   Dallas   Chicago   San Diego

Part No. 9997-37843-1

ISBN 0-15-332284-5 (Package of 12)

4

Evaluación de destrezas de lectura y lenguaje Prueba preliminar

Nuevas tierras • Tema 6

Nombre _____ Fecha_____

DESTREZA	Criterio:	Puntuación del estudiante:	Tiene facilidad para:
VOCABULARIO			
Palabras relacionadas	3/4	_____	_____
COMPRENSIÓN			
Hecho y opinión	3/4	_____	_____
Parafrasear	3/4	_____	_____
LENGUAJE	7/10	_____	_____
Los adverbios			
Comparar los adverbios			
Las oraciones negativas			
Las preposiciones			
Las comas			
PUNTUACIÓN TOTAL	16/22	_____	_____

¿Se hicieron arreglos especiales al administrar la prueba?   ❑ Sí   ❑ No

Tipo de arreglos: _____

_____

VOCABULARIO: Palabras relacionadas

Instrucciones: Lee cada pasaje. Rellena el círculo de la respuesta correcta para cada pregunta.

1. Lee la siguiente oración:

Yo puse la caja vacía debajo de la escalera.

¿Cuál de las siguientes palabras tiene casi el **mismo** significado que *debajo*?

Ⓐ sobre

Ⓑ cerca

Ⓒ abajo

Ⓓ alrededor

2. Lee la siguiente oración:

Anita es una corredora muy rápida.

¿Cuál de las siguientes palabras es un **antónimo** de *rápida*?

Ⓐ nueva

Ⓑ lenta

Ⓒ cansada

Ⓓ fuerte

3. ¿Cuál es la relación entre las palabras *tubo* y *tuvo*?

Ⓐ Son sinónimas.

Ⓑ Son antónimas.

Ⓒ Son homófonas.

Ⓓ Son homógrafas.

4. ¿Cuál es la relación entre las palabras *muchos* y *varios?*

Ⓐ Son sinónimas.

Ⓑ Son antónimas.

Ⓒ Son homófonas.

Ⓓ Son homógrafas.

ALTO

COMPRENSIÓN: Hecho y opinión

Instrucciones: Lee el siguiente pasaje. Rellena el círculo de la respuesta correcta para cada pregunta.

Muchas personas detestan a los zorrillos porque estos animales despiden un olor muy desagradable. Los zorrillos pertenecen a la familia de la comadreja, otro animal que no goza de mucha popularidad entre los humanos. Por eso, no debe sorprendernos que ambos animales pertenezcan a la misma familia zoológica.

Los zorrillos son animales de aspecto raro; pueden ser del tamaño de un gato y su pelambre es de color blanco y negro. Una franja de pelo blanco se extiende desde su frente y recorre todo el lomo, como si alguien la hubiera pintado cuidadosamente. Su lomo es arqueado, la frente es ancha y las patas son cortas, por lo que el zorrillo se desplaza lentamente. Si lo miras caminar parece como que está atontado.

Este animalito tan peculiar posee un par de glándulas cerca de la cola. Cuando se asusta, las glándulas desprenden un líquido de olor muy desagradable que espanta al enemigo. El líquido que desprenden las glándulas puede llegar hasta unos diez pies. Sin embargo, estas glándulas pueden ser estirpadas y así el zorrillo pierde su aspecto desagradable, llegando a ser una mascota maravillosa. ¡Todo el mundo debiera tener, alguna vez, un zorrillo como mascota!

Los zorrillos duermen de día y salen de noche. A los campesinos les agrada tener zorrillos en sus granjas porque se comen los insectos, ratones y ratas, así como otros animales pequeños que dañan los cultivos. Sin embargo, otro alimento favorito del zorrillo son los huevos, por lo que los granjeros y quienes crían gallinas no se ven favorecidos con su presencia.

5. ¿Cuál de las siguientes afirmaciones es un **hecho**?
   (A) Muchas personas detestan a los zorrillos.
   (B) Las comadrejas son animales que no gozan de popularidad.
   (C) No debe sorprendernos saber que el zorrillo y la comadreja pertenecen a la misma familia zoológica.
   (D) El zorrillo tiene el lomo arqueado, la frente ancha y las patas cortas.

SIGUE

Harcourt • Evaluación de destrezas de lectura y lenguaje

COMPRENSIÓN: Hecho y opinión (continuación)

6. ¿Cuál de las siguientes afirmaciones es una **opinión**?

Ⓐ Los zorrillos duermen de noche y salen de día.

Ⓑ Los zorrillos pueden ser unas mascotas maravillosas.

Ⓒ Los zorrillos comen insectos, ratas, ratones y otros animales pequeños.

Ⓓ Los zorrillos también comen huevos.

7. ¿Cuál de las siguientes afirmaciones es un **hecho**?

Ⓐ ¡Todo el mundo debiera tener un zorrillo como mascota!

Ⓑ Un zorrillo camina como si estuviera atontado.

Ⓒ Los zorrillos pertenecen a la familia de la comadreja.

Ⓓ A los campesinos les gusta tener zorrillos en sus granjas.

8. ¿Cuál de las siguientes afirmaciones es una **opinión**?

Ⓐ Los zorrillos tienen una pelambre negra y blanca.

Ⓑ El zorrillo tiene un par de glándulas cerca de la cola.

Ⓒ Las glándulas del zorrillo pueden ser extirpadas.

Ⓓ Los zorrillos son animales de aspecto raro.

ALTO

COMPRENSIÓN: Parafrasear

Instrucciones: Lee el siguiente pasaje. Rellena el círculo de la respuesta correcta para cada pregunta.

Ganar el concurso de deletreo de su escuela era para Pedro lo más importante. Durante meses estuvo entrenando, buscando palabras en el diccionario y deletreándolas en voz alta hasta que se las aprendía de memoria. Sin embargo, Pedro sabía que Melisa Sánchez, su mejor amiga, sería una rival difícil de vencer. Melisa era capaz de deletrear correctamente cualquier palabra sin haberla estudiado.

Por fin llegó el día del concurso y, poco a poco, se fueron eliminando más y más concursantes. En la ronda final, como era de esperar, sólo quedaban Pedro y su amiga Melisa.

9. Lee la siguiente oración del pasaje anterior:

Sin embargo, Pedro sabía que Melisa Sánchez, su mejor amiga, sería una rival difícil de vencer.

¿Cuál de las siguientes oraciones parafrasea mejor esta oración?

(A) Él sabía que su amiga Melisa Sánchez ya había participado en el concurso.

(B) Él sabía que su amiga Melisa Sánchez sería un duro rival en el concurso.

(C) Él sabía que, después del concurso, Melisa Sánchez sería su mejor amiga.

(D) Él quería ser el mejor amigo de Melisa Sánchez pero sabía que ella era difícil de vencer.

SIGUE

COMPRENSIÓN: Parafrasear (continuación)

10. Lee la siguiente oración del pasaje anterior:

En la ronda final, como era de esperar, sólo quedaban Pedro y su amiga Melisa.

¿Cuál de las siguientes oraciones parafrasea mejor esta oración?

Ⓐ Al final del concurso, como todos esperaban, sólo quedaban Pedro y Melisa como concursantes.

Ⓑ En la ronda final del concurso Pedro y Melisa estaban sorprendidos.

Ⓒ Pedro y Melisa eran los últimos estudiantes que el público creía que podían ganar el concurso.

Ⓓ No creo que a nadie le sorprenda el hecho de que Pedro y Melisa sean estudiantes.

SIGUE

COMPRENSIÓN: Parafrasear (continuación)

> Javier y su papá estaban acampando muy cerca de un lago. Cada noche se metían en sacos de dormir que habían colocado dentro de la tienda de campaña. Una mañana muy temprano, Javier se levantó antes que su papá. Salió de la tienda de campaña y con una pala y una lata pequeña comenzó a sacar gusanos y lombrices de la tierra para usarlos como carnada. Cuando logró llenar la lata, regresó corriendo a buscar su equipo de pesca.
>
> —Si queremos pescar algo para el desayuno tendremos que apurarnos —le dijo su papá.
>
> —Yo estoy listo papá —respondió Javier—. Sólo espero que los peces tengan tanta hambre como yo.

11. Lee la siguiente oración del pasaje anterior:

Javier y su papá estaban acampando muy cerca de un lago.

¿Cuál de las siguientes oraciones parafrasea mejor esta oración?

Ⓐ El padre de Javier quería estar alejado del lago.

Ⓑ Javier quería acampar con su papá pero la distancia al lago era muy corta.

Ⓒ Javier y su papá estaban acampando cerca de un lago.

Ⓓ Como el lago estaba tan cerca, Javier y su papá quería dormir afuera.

SIGUE

Harcourt • Evaluación de destrezas de lectura y lenguaje

COMPRENSIÓN: Parafrasear (continuación)

12. Lee la siguiente oración del pasaje anterior:

Cuando logró llenar la lata, regresó corriendo a buscar su equipo de pesca.

¿Cuál de las siguientes oraciones parafrasea mejor esta oración?

(A) Cuando llenó la lata de gusanos, salió a buscar su vara de pescar.

(B) No podía con la lata de gusanos y el equipo de pesca juntos.

(C) Estaba apurado por pescar, llenar la lata de gusanos y buscar su equipo de pesca.

(D) No quería que los gusanos se llevaran la vara de pescar.

ALTO

LENGUAJE

Instrucciones: Lee cada pregunta. Rellena el círculo de la respuesta correcta para cada pregunta.

13. ¿En cuál de las siguientes oraciones se usó la coma correctamente?

Ⓐ Me gustaría ir pero, tengo que pedir permiso.

Ⓑ Me gustaría ir pero tengo que pedir, permiso.

Ⓒ Me gustaría ir pero tengo, que pedir permiso.

Ⓓ Me gustaría ir, pero tengo que pedir permiso.

14. ¿En cuál de las siguientes oraciones se usó la coma correctamente?

Ⓐ Mi mamá me compró lápices, bolígrafos, libros y libretas.

Ⓑ Mi mamá me compró lápices bolígrafos, libros y libretas.

Ⓒ Mi mamá me compró, lápices, bolígrafos, libros, libretas.

Ⓓ Mi mamá me compró, lápices bolígrafos libros y libretas.

15. ¿Cuál de las siguientes palabras es un adverbio que responde a la pregunta *cuándo* en esta oración?

Nosotros siempre vamos al parque para distraernos.

Ⓐ Nosotros

Ⓑ siempre

Ⓒ vamos

Ⓓ parque

LENGUAJE (continuación)

16. ¿Cuál de las siguientes palabras es un adverbio que responde a la pregunta cómo en esta oración?

Ella acariciaba gentilmente al gatito.

Ⓐ Ella

Ⓑ acariciaba

Ⓒ gatito

Ⓓ gentilmente

17. ¿Cuál de las siguientes palabras es la forma correcta del adverbio para completar esta oración?

Esta mermelada se puede esparcir _____ que aquélla.

Ⓐ fácil

Ⓑ fácilmente

Ⓒ más fácilmente

Ⓓ mucho

18. ¿Cuál es la forma correcta del adverbio para completar esta oración?

Mi cometa vuela _____ alto.

Ⓐ así

Ⓑ tanto

Ⓒ mucho

Ⓓ muy

19. ¿Cuál de las siguientes palabras es una preposición en esta oración?

Nos sentamos a conversar hasta el atardecer.

Ⓐ hasta

Ⓑ atardecer

Ⓒ nos

Ⓓ sentamos

SIGUE

Lenguaje (continuación)

20. ¿Cuál de las siguientes palabras es el objeto de la preposición de esta oración?

    Mi hermana ha estado estudiando por varios meses.

    Ⓐ varios

    Ⓑ meses

    Ⓒ hermana

    Ⓓ estudiando

21. ¿Cuál de las siguientes respuestas muestra la frase prepositiva que responde a la pregunta cuándo en esta oración?

    Después de ensayar, los miembros de la banda cenaron y charlaron.

    Ⓐ Después de ensayar

    Ⓑ los miembros de la banda

    Ⓒ cenaron

    Ⓓ y charlaron

22. ¿Cuál de las siguientes respuestas muestra la frase prepositiva que responde a la pregunta en esta oración?

    La niña puso la bandeja cuidadosamente encima de la mesa.

    Ⓐ La niña

    Ⓑ cuidadosamente

    Ⓒ la bandeja

    Ⓓ encima de la mesa

Harcourt • Evaluación de destrezas de lectura y lenguaje

ALTO

Puntuación _____

Evaluación de destrezas de lectura y lenguaje
Prueba preliminar
Nuevas tierras / Tema 6

Orlando   Boston   Dallas   Chicago   San Diego

Part No. 9997-37850-4

ISBN 0-15-332284-5 (Package of 12)

4

· T R O F E O S ·

Evaluación de destrezas de lectura y lenguaje Prueba posterior

Nuevas tierras • Tema 6

Nombre _____ Fecha _____

DESTREZA	Criterio:	Puntuación del estudiante:	Tiene facilidad para:
VOCABULARIO Palabras relacionadas	3/4	_____	_____
COMPRENSIÓN Hecho y opinión	3/4	_____	_____
Parafrasear	3/4	_____	_____
LENGUAJE Los adverbios Comparar los adverbios Las oraciones negativas Las preposiciones Las comas	7/10	_____	_____
PUNTUACIÓN TOTAL	16/22	_____	_____

¿Se hicieron arreglos especiales al administrar la prueba? ❑ Sí ❑ No

Tipo de arreglos: _____

_____

VOCABULARIO: Palabras relacionadas

Instrucciones: Lee cada pasaje. Rellena el círculo de la respuesta correcta para cada pregunta.

1. Lee la siguiente oración:

   Hoy tengo la oportunidad de ir al cine.

   ¿Cuál de las siguientes palabras tiene casi el **mismo** significado que *oportunidad*?

   (A) pérdida

   (B) ocasión

   (C) problema

   (D) aunque

2. Lee la siguiente oración:

   Todos estos viajes me han cansado.

   ¿Cuál de las siguientes palabras es un **antónimo** de *cansado*?

   (A) frío

   (B) descontento

   (C) disperso

   (D) fortalecido

3. ¿Cuál es la relación entre las palabras *zumo* y *sumo*?

   (A) Son sinónimas.

   (B) Son antónimas.

   (C) Son homófonas.

   (D) Son homógrafas.

4. ¿Cuál es la relación entre las palabras *pare* y *alto*?

   (A) Son sinónimas.

   (B) Son antónimas.

   (C) Son homófonas.

   (D) Son homógrafas.

ALTO

COMPRENSIÓN: Hecho y opinión

Instrucciones: Lee el siguiente pasaje. Rellena el círculo de la respuesta correcta para cada pregunta.

En la escuela sólo nos dan veinticinco minutos para almorzar. Tan poco tiempo me parece injusto. Muchas veces, aún no me he comido ni la mitad del almuerzo cuando ya tengo que salir al recreo. Si tuvieras que comer tan aprisa, te sentirías tan enojado como yo. Éstas son algunas de las razones por las que creo que nos deberían dar más tiempo para almorzar:

Primero, tenemos que salir del salón de clases caminando hacia la cafetería, pues está prohibido correr en los pasillos de la escuela. Segundo, una vez que llegamos a la cafetería tenemos que hacer fila para recibir el almuerzo. Tercero, tenemos que hacer fila para pagar el almuerzo. ¡Tiene que haber un modo de agilizar todo este proceso! Además, nos obligan a sentarnos con nuestros compañeros de clase, no podemos sentarnos con otra clase. Y yo a veces quiero compartir con amigos de otros grupos. Una vez que empezamos a comer, no podemos parar ni un minuto porque corremos el riesgo de que nos manden a salir sin probar bocado. En la cafetería hay un semáforo gigantesco. Cuando se enciende la luz anaranjada quiere decir que quedan sólo cinco minutos para terminar y cuando se enciende la luz roja hay que levantarse y salir. Créanme, cuando veo la luz anaranjada empiezo a engullir todo lo que me queda en el plato, casi no mastico los alimentos. ¡Hay que cambiar este sistema! No veo por qué no podemos tener más tiempo para almorzar. Alguien tendrá que cambiar este método lo antes posible.

5. ¿Cuál es un **hecho** en el pasaje?
Ⓐ Tan poco tiempo me parece injusto.
Ⓑ Te sentirías tan enojado como yo.
Ⓒ Sólo tenemos veinticinco minutos para almorzar.
Ⓓ ¡Hay que cambiar este sistema!

SIGUE

Harcourt • Evaluación de destrezas de lectura y lenguaje

COMPRENSIÓN: Hecho y opinión (continuación)

6. ¿Cuál es una **opinión** en el pasaje?

Ⓐ Tenemos que salir del aula caminando, está prohibido correr en el pasillo.

Ⓑ Tenemos que hacer fila para recibir el almuerzo.

Ⓒ Tenemos que hacer otra fila para pagar el almuerzo.

Ⓓ ¡Tiene que haber un modo de agilizar todo este proceso!

7. ¿Cuál es un **hecho** en el pasaje?

Ⓐ No veo por qué no podemos tener más tiempo para almorzar.

Ⓑ Nos obligan a sentarnos con nuestros compañeros de clase.

Ⓒ ¡Hay que cambiar este sistema!

Ⓓ Alguien tendrá que cambiar este método lo antes posible.

8. ¿Cuál es una **opinión** en el pasaje?

Ⓐ Alguien tendrá que cambiar este método lo antes posible.

Ⓑ En la cafetería hay un semáforo gigantesco.

Ⓒ Cuando se enciende la luz anaranjada, sólo quedan cinco minutos.

Ⓓ Cuando se enciende la luz roja, tenemos que levantarnos y salir.

ALTO

COMPRENSIÓN: Parafrasear

Instrucciones: Lee el siguiente pasaje. Rellena el círculo de la respuesta correcta para cada pregunta.

Todos en la clase de Carlos están muy entusiasmados porque se les asignó la tarea de investigar acerca de las pirámides de Egipto. Cada estudiante estudiará un aspecto de las pirámides para compartirlo luego con el resto de la clase. Después de la escuela, Carlos fue directamente a la biblioteca pública, buscó la sección de enciclopedias y sacó del estante el volumen P. Se sentó, abrió la enciclopedia y estuvo estudiando el tema durante un largo rato. De vez en cuando, anotaba en su libreta la información que consideraba importante. Cuando terminó su lectura, volvió a colocar el libro en su lugar y regresó a casa.

9. Lee la siguiente oración del pasaje anterior:

Todos en la clase de Carlos están muy entusiasmados porque se les asignó la tarea de investigar acerca de las pirámides de Egipto.

¿Cuál de las siguientes oraciones parafrasea mejor esta oración?

Ⓐ A Carlos y sus compañeros les entusiasma cualquier investigación.

Ⓑ Carlos y sus compañeros están entusiasmados porque van a investigar las pirámides de Egipto.

Ⓒ Carlos y sus compañeros van a investigar las pirámides mientras hacen el trabajo.

Ⓓ Carlos y sus compañeros visitarán las pirámides de Egipto cuando terminen el trabajo.

SIGUE ▶

Harcourt • Evaluación de destrezas de lectura y lenguaje

COMPRENSIÓN: Parafrasear (continuación)

10. Lee las siguientes oraciones del pasaje anterior:

Se sentó, abrió la enciclopedia y estuvo estudiando el tema durante un largo rato. De vez en cuando, anotaba en su libreta la información que consideraba importante.

¿Cuál de las siguientes oraciones parafrasea mejor estas oraciones?

(A) Cuando abrió la enciclopedia empezó a copiarlo todo.

(B) Abrió la enciclopedia en una página que hablaba de cómo hacer retratos.

(C) Abrió la enciclopedia, leyó un rato y anotó lo que creía que era importante.

(D) Abrió la enciclopedia para esconderse de otras personas en la biblioteca.

SIGUE ➤

COMPRENSIÓN: Parafrasear (continuación)

A Luis no le agradaba la idea de irse dos semanas a casa de sus abuelos en la ciudad. Prefería quedarse en casa y jugar con sus amigos. Después de todo, ¿qué podía hacer él en la ciudad?

Cuando llegó con su mamá a casa de los abuelos ya era tarde por la noche. Luis pensó que le dirían que era hora de dormir y que se aburriría muchísimo. En vez de eso, su abuelo le guiñó un ojo y le preguntó si le gustaba la música. Esa noche había un festival de jazz muy bueno en la ciudad y los abuelos habían hecho planes para ir un rato. Como a Luis le encantaba el jazz, la idea le pareció maravillosa.

11. Lee la siguiente oración del pasaje anterior:

Prefería quedarse en casa y jugar con sus amigos.

¿Cuál de las siguientes oraciones parafrasea mejor esta oración?

Ⓐ Luis pensó que lo mejor era quedarse en casa y jugar con sus amigos.

Ⓑ A Luis y sus amigos les gustaba estar en casa.

Ⓒ Luis prefería trabajar con un amigo que quedarse en casa.

Ⓓ Luis prefería que sus amigos fueran por él.

12. Lee la siguiente oración del pasaje anterior:

Como a Luis le encantaba el jazz, la idea le pareció maravillosa.

¿Cuál de las siguientes oraciones parafrasea mejor esta oración?

Ⓐ A Luis le gustaba interpretar música jazz.

Ⓑ A Luis le gustó la idea porque el jazz le encantaba.

Ⓒ Luis estaba sorprendido porque le gustaba el jazz.

Ⓓ Los buenos músicos de jazz son amigos de Luis.

SIGUE

Puntuación _____ *Nuevas tierras / Tema 6*

Harcourt • Evaluación de destrezas de lectura y lenguaje

LENGUAJE

Instrucciones: Lee cada pregunta. Rellena el círculo de la respuesta correcta para cada pregunta.

13. ¿En cuál de las siguientes oraciones se usó la coma correctamente?

(A) Nosotros al igual, que María, llegamos tarde.

(B) Nosotros, al igual que María, llegamos tarde.

(C) Nosotros, al igual que María llegamos, tarde.

(D) Nosotros al igual que, María llegamos tarde.

14. ¿En cuál de las siguientes oraciones se usó la coma correctamente?

(A) Comprendo tus razones; sin embargo debes, permanecer callado.

(B) Comprendo, tus razones; sin embargo debes permanecer callado.

(C) Comprendo tus razones; sin embargo, debes permanecer callado.

(D) Comprendo tus razones; sin embargo debes permanecer, callado.

15. ¿Cuál de las siguientes palabras es un adverbio que responde a la pregunta *cómo* en esta oración?

Ella levantó cuidadosamente cada uno de los huevos del nido.

(A) Ella

(B) cuidadosamente

(C) levantó

(D) nido

LENGUAJE (continuación)

16. ¿Cuál de las siguientes palabras es un adverbio que responde a la pregunta *cuándo* en esta oración?

    Mañana nos iremos de vacaciones.

    (A) Mañana

    (B) nos

    (C) iremos

    (D) vacaciones

17. ¿Cuál es la forma correcta del adverbio que completa esta oración?

    Yo trabajo _____ de mi casa.

    (A) mucho

    (B) poco

    (C) lejos

    (D) allí

18. ¿Cuál es la forma correcta del adverbio que completa esta oración?

    _____ estarán los mejores atletas.

    (A) Menos

    (B) Lentamente

    (C) Bastante

    (D) Allí

19. ¿Cuál de las siguientes palabras es una preposición en esta oración?

    El público gritaba y aplaudía en el anfiteatro.

    (A) en

    (B) enorme

    (C) público

    (D) aplaudía

SIGUE ▶

LENGUAJE (continuación)

20. ¿Cuál de las siguientes palabras es el objeto de la preposición de esta oración?

    Los niños de la Escuela Roosevelt tienen una nueva área de juego.

    (A) niños

    (B) Escuela Roosevelt

    (C) tienen

    (D) área de juego

21. ¿Cuál de las siguientes oraciones es una oración negativa?

    (A) Luis no fue al museo porque estaba muy cansado

    (B) Antes del juego, los integrantes del equipo corrieron e hicieron abdominales.

    (C) El abrigo de cuero marrón es mío.

    (D) Debido a la sequía las plantas están marchitas.

22. ¿Cuál de las siguientes oraciones es una oración negativa?

    (A) El Capitán del barco conocía muy bien las aguas del océano Pacífico.

    (B) Desde la cima de la montaña puedo ver toda la ciudad.

    (C) René no se bañó en la piscina, porque no sabe nadar.

    (D) De noche, toda la ciudad está iluminada.

ALTO

Caminos abiertos / Tema 6

Evaluación de destrezas de lectura y lenguaje

Prueba posterior

Harcourt

Orlando   Boston   Dallas   Chicago   San Diego

Part No. 9997-37844-X

ISBN 0-15-332284-5 (Package of 12)

4

Evaluación de destrezas de lectura y lenguaje
Evaluación de fin de año
Caminos abiertos / Temas 1, 2, 3

Nombre _____ Fecha _____

DESTREZA	Criterio:	Puntuación del estudiante:	Tiene facilidad para:
VOCABULARIO	4/6	_____	_____
COMPRENSIÓN	18/24	_____	_____
DESTREZAS DE INVESTIGACIÓN E INFORMACIÓN	3/4	_____	_____
LENGUAJE	12/16	_____	_____
PUNTUACIÓN TOTAL	37/50	_____	_____

¿Se hicieron arreglos especiales al administrar la prueba? ❑ Sí ❑ No

Tipo de arreglos: _____

ISBN 0-15-332284-5

1 2 3 4 5 6 7 8 9 10   073   10 09 08 07 06 05 04 03 02 01

VOCABULARIO

Instrucciones: Lee cada oración. Rellena el círculo de la respuesta correcta para cada pregunta.

1. Tenemos que reconstruir la escuela.

¿Cuál es el significado de la palabra *reconstruir*?

(A) construir por primera vez

(B) volver a construir, arreglar o componer algo

(C) destruir lo construido

(D) no construir

2. ¿Qué sufijo se le puede añadir a la palabra *cruel* para que signifique "falta de piedad"?

(A) able

(B) ón

(C) dad

(D) ero

3. Lee esta oración:

¿Encontraste tu abrigo perdido?

¿Cuál de las siguientes palabras tiene casi el **mismo** significado que *encontraste*?

(A) hallaste

(B) cambiaste

(C) vaciaste

(D) buscaste

SIGUE

VOCABULARIO (continuación)

4. Lee esta oración:

¿A qué hora llegó Juan?

¿Cuál de las siguientes palabras es un **antónimo** de *llegó*?

- Ⓐ dijo
- Ⓑ cayó
- Ⓒ apareció
- Ⓓ partió

5. ¿Cuál es la relación entre las palabras *izo* e *hizo*?

- Ⓐ Son sinónimas.
- Ⓑ Son antónimas.
- Ⓒ Son homófonas.
- Ⓓ Son homógrafas.

6. ¿Cuál es la relación entre las palabras *verdadero* y *falso*?

- Ⓐ Son sinónimas.
- Ⓑ Son antónimas.
- Ⓒ Son homófonas.
- Ⓓ Son homógrafas.

ALTO

Harcourt • Evaluación de destrezas de lectura y lenguaje

COMPRENSIÓN

Instrucciones: Lee cada pasaje. Luego responde a las preguntas que siguen a cada pasaje. Rellena el círculo de la respuesta correcta para cada pregunta.

Beatrix Potter
Sus libros y sus personajes

Quizás el nombre *Beatrix Potter* no te resulte familiar pero seguramente habrás leído muchos de sus cuentos. Personajes tan conocidos como el conejo Peter Rabbit, Benjamin Bunny y Tiggy-Winkle han sido el disfrute de miles de niños durante décadas. Beatrix Potter fue una ilustradora y escritora inglesa. Su nombre quedará grabado en la historia de la literatura infantil por cuentos tales como *El cuento de Peter Rabbit, El cuento de Squirrel Nutkin* y *El cuento de Benjamin Bunny. El cuento de Peter Rabbit* es quizás el mejor libro de cuentos para niños que se haya escrito jamás.

Cómo Beatrix llegó a ser escritora

De niña, Beatrix pasaba las vacaciones con su familia en Escocia y en el campo de Inglaterra. En estos viajes nació su amor por los animales y por el paisaje campestre de su país. Incluso de joven siguió visitando esos lugares que la deslumbraron en su niñez. Fue precisamente en uno de esos viajes, en 1893 que Beatrix le escribió una carta a un niño inválido llamado Noel. En ella, le contaba las aventuras de cuatro conejitos llamados Flopsy, Mopsy, Peter y Cottontail. Para ilustrar el cuento, hizo algunos dibujos en la carta. Cuando sus amigos la leyeron, pensaron que sería una buena idea publicarla. *El cuento de Peter Rabbit* fue todo un éxito de ventas y Beatrix continuó escribiendo más y más. Más de veinte libros de cuentos salieron de su imaginación, con ilustraciones y todo. Además, los diseñaba en tamaño pequeño para que los niños más chicos pudieran sostenerlos y disfrutar de los relatos y las ilustraciones. Más de un siglo después de su primer libro, aún los cuentos de Beatrix Potter son el deleite de miles de niños en todo el mundo.

SIGUE

Harcourt • Evaluación de destrezas de lectura y lenguaje

COMPRENSIÓN (continuación)

7. La sección **Sus libros y sus personajes** está estructurada en párrafos de _____.

   (A) idea principal y detalles

   (B) comparación y contraste

   (C) causa y efecto

   (D) secuencia de sucesos

8. ¿Cuál es de las siguientes oraciones es una **opinión** en este pasaje?

   (A) De niña, Beatrix viajaba de vacaciones a Escocia.

   (B) Beatrix Potter fue una ilustradora y escritora inglesa.

   (C) El cuento de Peter Rabbit es quizás el mejor libro de cuento para niños que se haya escrito jamás.

   (D) Beatrix llegó a escribir más de veinte cuentos.

9. Lee la siguiente oración:

   En estos viajes nació su amor por los animales y por el campo de su país.

   ¿Qué oración parafrasea mejor la oración anterior?

   (A) Los animales del campo querían mucho a Beatrix porque era muy bonita.

   (B) Estos lugares visitados inspiraron su amor por los animales y por el paisaje del campo.

   (C) Estos lugares le gustaron mucho a Beatrix y a los animales.

   (D) Estos animales llegaron a querer mucho a Beatrix.

Harcourt • Evaluación de destrezas de lectura y lenguaje

SIGUE ▶

COMPRENSIÓN (continuación)

10. ¿Quién es Noel en el pasaje?

Ⓐ un personaje de los cuentos de Beatrix

Ⓑ el conejo de Beatrix

Ⓒ el editor de Beatrix

Ⓓ un niño inválido a quien Beatrix le escribió una carta

11. ¿Qué fue lo **primero** que ocurrió en el pasaje?

Ⓐ En 1893 Beatrix escribió un cuento sobre cuatro conejitos.

Ⓑ Beatrix decidió publicar su cuento.

Ⓒ Beatrix viajaba de vacaciones con su familia a Escocia.

Ⓓ Beatrix escribió más de veinte cuentos para niños.

12. ¿Por qué Beatrix diseñaba sus libros en tamaño pequeño?

Ⓐ porque no quería gastar mucho papel

Ⓑ para que los más chicos pudieran hojear sus libros

Ⓒ porque los cuentos eran cortos

Ⓓ porque las ilustraciones eran muy pequeñas

COMPRENSIÓN (continuación)

Durante siglos, los guerreros y soldados han protegido sus cuerpos con armaduras. Ya en tiempos tan remotos como la Edad de Piedra, los guerreros vestían pieles gruesas de animales que los protegían de golpes fuertes y del filo de las hachas del enemigo. Sin embargo, estas armaduras primitivas no ofrecían mucha protección. Siglos más tarde, se comenzó a usar el escudo de metal. Con el tiempo, se fabricaron armaduras de metal para todo el cuerpo. En la Edad Media, por ejemplo, los caballeros medievales vestían una armadura de hierro que les cubría todo el cuerpo, desde la cabeza hasta los pies. Debajo de esta armadura, vestían un traje de cuero. La cabeza estaba protegida por el casco de hierro que tenía una abertura llamada visor. Sus manos, también estaban cubiertas de metal, con una especie de guante que les permitía cierta movilidad. Pero las armaduras no eran sólo para guerreros y caballeros. Muchos caballos también eran cubiertos con armaduras más ligeras que les protegían la cabeza y parte del cuerpo. Los herreros que fabricaban estas armaduras, las decoraban con plata, oro y piedras preciosas. Aunque no tenga mucho sentido la idea de vestir elegante para ir a un combate, para estos hombres era muy importante la decoración de sus armaduras. Estos equipos de protección llegaron a ser tan resistentes que se hacía casi imposible atravesarlos con una afilada lanza. En estos casos, cuando había combates entre caballeros, ganaba aquel que lograba derrumbar del caballo a su rival.

SIGUE

COMPRENSIÓN (continuación)

13. ¿Cuál es la idea principal de este pasaje?

Ⓐ Años más tarde, se fabricaron armaduras para todo el cuerpo.

Ⓑ A través de la historia, los guerreros y soldados han usado armaduras para protegerse.

Ⓒ En la Edad de Piedra, los guerreros usaban pieles para proteger su cuerpo.

Ⓓ El caballero medieval usaba una armadura de la cabeza a los pies.

14. ¿Cuál de los siguientes es una **opinión** en el pasaje?

Ⓐ Las pieles de animales no ofrecen mucha protección.

Ⓑ Las armaduras medievales cubrían de la cabeza a los pies.

Ⓒ Algunos caballos eran protegidos con armaduras.

Ⓓ Vestir elegantemente para un combate no tiene mucho sentido.

15. ¿Cuál crees que ha sido el propósito del autor?

Ⓐ informar

Ⓑ persuadir

Ⓒ advertir

Ⓓ entretener

SIGUE

COMPRENSIÓN (continuación)

16. ¿Cómo se llamaba el objeto de metal que se usó antes que la armadura de hierro?

(A) casco

(B) visor

(C) lanza

(D) escudo

17. ¿Cómo se llamaba la abertura que había en el casco?

(A) lanza

(B) armadura

(C) visor

(D) túnica

Harcourt • Evaluación de destrezas de lectura y lenguaje

SIGUE ▶

COMPRENSIÓN (continuación)

"Buenas tardes niños y niñas. Bienvenidos a este espectáculo. Hoy tengo una adivinanza muy especial para todos ustedes. A ver, ¿qué es blanco y negro y puede leerse todito?" Así presentaba Daniel su espectáculo teatral que había preparado con dos amigos, Rosa y Jorge, en el garaje de su casa. Los actores cobraban veinticinco centavos por la entrada. Pero ese día, la audiencia estaba un poco inquieta, como aburrida y en el público se escuchaban murmullos de descontento.

"¡Un periódico! Un periódico es blanco y negro y puede leerse todito, ¿ven?" decía Daniel intentando arrancar una sonrisa de su audiencia. Por el contrario, lo que escuchó fue un suspiro de desaprobación por parte de los asistentes. En ese momento, Daniel se percató de que tendría que intentar otra cosa para divertir a su público. "Y ahora, niñas y niños, para ustedes, Jorge, ¡el increíble malabarista!"

Jorge salió al escenario haciendo malabares con tres pelotas rojas. Había estado practicando ese número toda la semana. Para sorpresa de los actores, el público se mostraba muy interesado y parecía divertirse. Después de Jorge, Daniel presentó a Rosa quien apareció en escena vestida de hawaiana y bailando el hula-hula, un baile folclórico de Hawai. Rosa lucía hermosos collares que danzaban a la par de los movimientos de su cuerpo. En medio de su actuación, cantó una conocida canción acompañada, a coro, por los miembros de la audiencia. Cuando terminó, todos se levantaron a aplaudir y gritar, "¡Bravo, Rosa, bravo!"

Cuando terminó la representación, uno de los asistentes se acercó a Daniel y comentó que le había gustado mucho el espectáculo. Incluso le sugirió que podrían aumentar el precio de entrada a cincuenta centavos, la próxima vez.

Harcourt • Evaluación de destrezas de lectura y lenguaje

SIGUE

COMPRENSIÓN (continuación)

18. ¿Cuál es el mejor resumen de este pasaje?

Ⓐ Daniel intentaba arrancar una sonrisa a su público.

Ⓑ Daniel, Rosa y Jorge, cantaron, bailaron e hicieron malabares para entretener al público que asistió al espectáculo artístico en el garaje de su casa.

Ⓒ Muchos en la audiencia se mostraban aburridos y empezaron a chiflar.

Ⓓ Rosa bailó muy bien el hula-hula.

19. Lee la siguiente oración:

Incluso le sugirió que podrían aumentar el precio de entrada a cincuenta centavos, la próxima vez.

¿Qué oración parafrasea mejor la oración anterior?

Ⓐ Les pagaremos cincuenta centavos para que no actúen más.

Ⓑ La próxima vez que hagan una representación, podrían cobrar cincuenta centavos por la entrada.

Ⓒ La próxima vez que hagan una representación, podrían cobrar un salario de cincuenta centavos.

Ⓓ En la próxima representación podrían dar regalos de cincuenta centavos.

20. ¿Qué fue lo **último** que ocurrió en el pasaje?

Ⓐ Rosa bailó y cantó para el público.

Ⓑ Jorge hizo malabares con tres pelotas rojas.

Ⓒ Daniel hizo una adivinanza.

Ⓓ Daniel le dio la bienvenida a los asistentes.

21. ¿Por qué crees que el autor ha escrito este pasaje?

Ⓐ para persuadir

Ⓑ para informar

Ⓒ para entretener

Ⓓ para advertir

Harcourt • Evaluación de destrezas de lectura y lenguaje

SIGUE ▶

COMPRENSIÓN (continuación)

Las ratas de abazones

Descripción de las ratas de abazones

La rata de abazones es un roedor pequeño que se caracteriza principalmente por la presencia de dos bolsas a cada lado de la cabeza. Tiene las patas traseras muy cortas y en cambio, una larga cola que utiliza para encontrar el camino en los túneles subterráneos donde vive. La rata de abazones llega a medir unas cuatro pulgadas de largo pero el tamaño de su cola, sobrepasa al de su cuerpo.

Dónde viven las ratas de abazones

Las ratas de abazones pueden encontrarse en América del Norte, Asia y Europa. Generalmente, pasan su vida bajo tierra y salen a la superficie sólo en raras ocasiones.

Su alimento, sus crías y sus hábitos

Las ratas de abazones se alimentan de insectos, raíces, tallos y ramas de árboles. A diferencia de otros animales de su género, pasan casi toda su vida hibernando, es decir, descansando bajo tierra. Una rata de abazones pare una sola vez al año una camada que oscila entre 2 y 10 crías. Por su aspecto raro, las ratas de abazones son animales muy curiosos.

22. La sección **Descripción de las ratas de abazones** está estructurada en párrafos de _____.

(A) idea principal y detalles

(B) comparación y contraste

(C) causa y efecto

(D) secuencia de sucesos

SIGUE

COMPRENSIÓN (continuación)

23. ¿Cuál es la idea principal de este pasaje?

Ⓐ Las ratas de abazones tienen patas cortas y cola muy larga.

Ⓑ Las ratas de abazones son animales muy interesantes.

Ⓒ Las ratas de abazones viven bajo tierra.

Ⓓ Las ratas de abazones habitan en América del Norte, Asia y Europa.

24. ¿Cuál de las siguientes oraciones es una **opinión** en el pasaje?

Ⓐ Las ratas de abazones pasan casi toda su vida hibernando.

Ⓑ Las ratas de abazones se alimentan de insectos, raíces y ramas de árboles.

Ⓒ Las ratas de abazones pueden llegar a medir unas cuatro pulgadas.

Ⓓ Por su aspecto raro, las ratas de abazones son animales muy curiosos.

25. ¿Cuántas veces al año puede dar a luz una rata de abazones?

Ⓐ diez

Ⓑ una

Ⓒ veinte

Ⓓ treinta

26. ¿Por qué crees que el autor escribió este pasaje?

Ⓐ para informar

Ⓑ para persuadir

Ⓒ para advertir

Ⓓ para entretener

SIGUE

Harcourt • Evaluación de destrezas de lectura y lenguaje

COMPRENSIÓN (continuación)

Instrucciones: Lee el siguiente pasaje. Rellena el círculo de la respuesta correcta para cada pregunta.

La madre de Karen le enseñó cómo se manda un fax. Un fax es una máquina como un teléfono que envía páginas de texto escrito en vez de transmitir una voz. Estos son los pasos que la madre de Karen escribió:

Cómo mandar un fax

1. Coloca el papel que quieres mandar boca abajo en el fax.
2. Marca el número de fax a cual quieres mandar tu documento (igual como lo harías para marcar un número de teléfono).
3. Oprime la tecla que dice "Start".
4. El fax mandará una copia de tu papel al número fax que marcaste.
5. Cuando el fax acabe la transmisión, recuerda que debes recoger tu papel.

Harcourt • Evaluación de destrezas de lectura y lenguaje

SIGUE

COMPRENSIÓN (continuación)

27. ¿Qué es lo **primero** que debe hacer Carla para enviar un fax?

Ⓐ presionar la tecla "Start"

Ⓑ marcar el número al que está llamando

Ⓒ colocar en la máquina de fax el documento que quiere enviar

Ⓓ sacar el papel

28. En este pasaje se afirma que una máquina de fax es como un _____.

Ⓐ auto

Ⓑ radio

Ⓒ televisor

Ⓓ teléfono

29. ¿Qué es lo **último** que debe hacer Carla?

Ⓐ presionar la tecla "Start"

Ⓑ sacar el papel

Ⓒ colgar

Ⓓ marcar el número al que está llamando

30. En el pasaje **no** se habla de _____.

Ⓐ cuántas páginas se pueden enviar por fax

Ⓑ cómo colocar el papel en la máquina

Ⓒ qué hacer una vez que se ha enviado el fax

Ⓓ qué tecla presionar para enviar el fax

Harcourt • Evaluación de destrezas de lectura y lenguaje

ALTO

Puntuación _____ *Caminos abiertos / Destrezas de fin de año*

DESTREZAS DE INVESTIGACIÓN E INFORMACIÓN

> **Instrucciones:** Rellena el círculo de la respuesta correcta para cada pregunta.
>
> **31.** ¿Dónde buscarías un sinónimo de la palabra *evitar*?
>   - (A) diccionario de sinónimos
>   - (B) enciclopedia
>   - (C) anuario
>   - (D) atlas
>
> **32.** ¿Cuál sería la **mejor** fuente para encontrar información sobre los delfines?
>   - (A) atlas
>   - (B) diccionario
>   - (C) enciclopedia
>   - (D) periódico
>
> **33.** ¿Dónde buscarías para saber el número de jueces de la Corte Suprema de Estados Unidos?
>   - (A) atlas
>   - (B) anuario
>   - (C) diccionario
>   - (D) diccionario de sinónimos
>
> **34.** ¿Dónde buscarías para saber los estados que atraviesa el río Mississipi?
>   - (A) atlas
>   - (B) diccionario
>   - (C) diccionario de sinónimos
>   - (D) directorio telefónico

ALTO

LENGUAJE

Instrucciones: Lee cada pregunta. Rellena el círculo de la respuesta correcta para cada pregunta.

35. ¿Cuál de estos grupos de palabras es una oración?

   Ⓐ Flores frescas y cajas de caramelos.

   Ⓑ Buscando el verde y ancho valle.

   Ⓒ Todos los invitados recibieron regalos.

   Ⓓ El cachorrito pequeño y juguetón con un collar marrón.

36. ¿Cuál es la respuesta que describe mejor este grupo de palabras?

Hoy sembramos algunas plantas de laurel y la próxima semana sembraremos rosas.

   Ⓐ oración simple

   Ⓑ oración compuesta

   Ⓒ sujeto simple

   Ⓓ predicado completo

37. ¿Cuál de las siguientes palabras es el pronombre del complemento directo en esta oración?

Tomás dijo que me traería los libros.

   Ⓐ Tomás

   Ⓑ dijo

   Ⓒ traería

   Ⓓ los

38. ¿Cuál es el pronombre que completa correctamente esta oración?

Mi hermana y yo podríamos comprar todas las calcomanías _____.

   Ⓐ mía

   Ⓑ tuya

   Ⓒ suyas

   Ⓓ nuestra

Harcourt • Evaluación de destrezas de lectura y lenguaje

SIGUE ▶

LENGUAJE (continuación)

39. ¿Cuál de las siguientes palabras es un adjetivo en esta oración?

Muchos niños ganaron premios en la feria.

Ⓐ Muchos

Ⓑ niños

Ⓒ ganaron

Ⓓ feria

40. ¿Cuál es el adjetivo que completa correctamente esta oración?

Mi hermano es _____ que mi papá.

Ⓐ altísimo

Ⓑ más altísimo

Ⓒ más alto

Ⓓ el más alto

41. ¿Cuál de las siguientes palabras es el verbo que realiza la acción en esta oración?

El trasbordador espacial aterrizó anoche.

Ⓐ trasbordador

Ⓑ aterrizó

Ⓒ espacial

Ⓓ anoche

42. ¿Cuál de las siguientes palabras es el verbo auxiliar en esta oración?

Nosotros hemos visto antes esa película.

Ⓐ Nosotros

Ⓑ hemos

Ⓒ visto

Ⓓ película

SIGUE

LENGUAJE (continuación)

43. ¿Cuál de las siguientes palabras es el verbo de unión en esta oración?

    El señor del traje azul es mi vecino.

    Ⓐ señor

    Ⓑ gris

    Ⓒ traje

    Ⓓ es

44. ¿Cuál es el tiempo presente del verbo que concuerda con el sujeto en esta oración?

    Un informe reciente dice que los delfines se _____ ellos mismos en un espejo.

    Ⓐ reconoce

    Ⓑ reconocen

    Ⓒ reconocían

    Ⓓ reconocerán

45. ¿Cuál es el tiempo pretérito del verbo que concuerda con el sujeto en esta oración?

    Ayer _____ una película sobre volcanes.

    Ⓐ ver

    Ⓑ vemos

    Ⓒ vimos

    Ⓓ veremos

46. ¿Cuál es el tiempo presente del verbo que concuerda con el sujeto en esta oración?

    ¡Finalmente, ya _____ cuál es la gran sorpresa!

    Ⓐ sabemos

    Ⓑ sabremos

    Ⓒ supimos

    Ⓓ sabrán

SIGUE ▶

Caminos abiertos / Destrezas de fin de año

Harcourt • Evaluación de destrezas de lectura y lenguaje

LENGUAJE (continuación)

---

47. ¿En cuál de las siguientes oraciones se usa la coma correctamente?

(A) Después de acabar, el curso escolar, nos fuimos de vacaciones.

(B) Después de acabar el curso escolar, nos fuimos de vacaciones.

(C) Después, de acabar el curso escolar nos fuimos de vacaciones.

(D) Después de acabar el curso escolar nos fuimos de, vacaciones.

48. ¿Cuál de las siguientes palabras es un adverbio que responde a la pregunta *cómo* en esta oración?

Nosotros escuchamos atentamente el cuento.

(A) Nosotros

(B) escuchamos

(C) atentamente

(D) cuento

49. ¿Cuál es la forma correcta del adverbio para completar esta oración?

Ese hombre está corriendo _____ rápido que el otro.

(A) mucho

(B) más

(C) rapidísimo

(D) más rapidísimo

50. ¿Cuál de las siguientes respuestas muestra la frase prepositiva que responde a la pregunta *cuándo* en esta oración?

Antes de su llegada, sus hermanos hicieron una ensalada y prepararon la mesa.

(A) Antes de su llegada

(B) sus hermanos

(C) hicieron una ensalada

(D) prepararon la mesa

ALTO